Wolfgang Krüger

Das Geheimnis der Treue

Das Buch

„Alle grundlegenden Konflikte in einer Liebesbeziehung münden in das Thema Treue", stellt der Paartherapeut Wolfgang Krüger fest. 90 Prozent der Bevölkerung wünschen sich Treue, aber jeder 2. geht fremd.
Warum sind Menschen treu oder untreu? Und was kommt danach?
Wolfgang Krüger zeigt anhand zahlreicher Beispiele, wie Untreue entsteht und gibt Orientierung für den eigenen Umgang mit der Treue. Denn zwei Drittel aller Beziehungen gehen nach einem Seitensprung kaputt. Also: besser vorher lesen!

Der Autor

Wolfgang Krüger ist Psychologe und Psychotherapeut mit den Schwerpunkten Partnerschaft, Psychosomatik und Ängste. Er publizierte mehrere erfolgreiche Bücher zu zentralen Gefühlen wie Neid, Eifersucht und Freundschaft.

Wolfgang Krüger

Das Geheimnis der Treue

Paare zwischen Versuchung und Vertrauen

HERDER

FREIBURG · BASEL · WIEN

HERDER spektrum – Band 6496

MIX
Papier aus verantwor-
tungsvollen Quellen
FSC® C106847

Titel der Originalausgabe: Das Geheimnis der Treue
© Kreuz Verlag
in der Verlag Herder GmbH, Freiburg im Breisgau 2010
ISBN 978-3-7831-3413-1

© Verlag Herder GmbH, Freiburg im Breisgau 2012
Alle Rechte vorbehalten
www.herder.de

Umschlagkonzeption: Agentur RME Roland Eschlbeck
Umschlaggestaltung: Verlag Herder
Umschlagmotiv: © Getty Images
Foto Wolfgang Krüger: © privat

Satz: de·te·pe, Aalen
Herstellung: fgb · freiburger graphische betriebe
www.fgb.de

Printed in Germany

ISBN 987-3-451-06496-8

Inhalt

> »Es gibt keine reine Wahrheit, aber ebenso wenig
> einen reinen Irrtum.«
>
> *Friedrich Hebbel*

Die sechs Prüfsteine der Liebe

»Du darfst das Thema ›Treue‹ nicht mehr ansprechen«, warnte mich eine Kollegin. Bei Treffen im Freundes- und Bekanntenkreis fragte man mich meist, ob ich wieder an einem Buchprojekt sitzen würde. Dann gab es früher bei Apfelstrudel und Bienenstich oft anregende Gespräche. Wir redeten entspannt über Freundschaften oder humorvolle Begebenheiten. Doch seit einigen Jahren forsche ich über das Thema ›Treue‹. Und nun geht es hoch her: »Siehst du, die reden über dich«, zischte eine Ehefrau ihren Mann an. Und das Mittagessen mit einer Freundin endete in Tränen. Ich hatte sie und ihren neuen Partner gefragt, was sie von dem Thema Treue halten. »Oh«, sagte der Partner, »ich unterscheide zwischen der körperlichen und der seelischen Treue.« Ich schaute verlegen seine Partnerin an, stellte noch eine Frage – und erhielt unter dem Tisch einen Tritt. Offenbar war das Thema brisant. Seitdem mache ich immer wieder die Erfahrung, dass fast die Luft im Raum brennt, wenn die Sprache auf das Thema kommt. Tatsächlich gibt es kein Thema, bei dem Ideal und Wirklichkeit so weit auseinanderklaffen. Mehr als 90 Prozent aller Menschen in einer festen Beziehung wünschen sich Treue, doch mehr als die Hälfte hat schon einmal einen Seitensprung begangen. In den unzähligen Umfragen differieren die Zahlen dazu jeweils ein wenig. Alle aber zeigen, dass Frauen und Männer inzwischen fast gleichziehen. Früher war man der Ansicht, dass Männer zur Untreue neigen, während Frauen eher treu sind. Aber rechnerisch ist dies kaum möglich. Inzwischen weiß man, dass Männer bei Umfragen über-

treiben, wenn es um ihre Sexualität geht. Und Frauen unter-
treiben etwas. Berücksichtigt man dies, wird klar, dass heutzutage etwa die Hälfte aller erwachsenen Männer und Frauen
im Leben schon einmal fremdgegangen ist.

Die drei Untreue-Fragen

Kaum ein Liebesthema beschäftigt Menschen so sehr wie die
Untreue. Seit über 25 Jahren arbeite ich als Psychotherapeut
mit dem Schwerpunkt ›Partnerschaft‹, und mir ist klar geworden, dass die Treue eines der Kernthemen einer Liebesbeziehung ist. Durch dieses Thema werden wir mit allen Konflikten, Hoffnungen und Schwierigkeiten von Liebesbeziehungen
konfrontiert. Die Untreue entspricht der Aufkündigung jener
Bindung, die einst so hoffnungsvoll begann. Und an dieser
Untreue sind mindestens drei Personen beteiligt; entspre-
chend werden mir in meiner Praxis von den Betroffenen immer wieder drei konkrete Fragen gestellt:

1. Mein Mann/Meine Frau ist untreu, wie gehe ich damit um?
2. Ich selbst bin untreu, was soll ich tun?
3. Ich bin die Geliebte eines Mannes, will ihn nicht verlieren,
   bekomme ihn aber auch nicht ganz – wie gehe ich geschickt vor?

Ich zögere dann jeweils mit einer Antwort, da die dahinter-
liegenden Probleme gewaltig sind. Und mir ist bewusst, dass
jeder Experte auf diese Probleme sehr unterschiedliche Antworten gibt. Sie hängen immer davon ab, welche Einstellung
der Experte zur Treue hat. Denn diese Einstellung beeinflusst
natürlich meine Stellungnahme: Wenn ich für die Treue ein-
trete, diese auch für möglich halte, werde ich eher die Verletzungen begreifen, die durch den Seitensprung entstanden
sind, und werde eine Klärung der Situation anstreben. Bin ich
jedoch der Meinung, dass es keine wirkliche Treue gibt, dass
diese auch nicht anstrebenswert ist, werde ich beispielsweise
einer Frau empfehlen, sich mit der Situation zu arrangieren:

»Blenden Sie doch die Untreue aus, nehmen Sie von Ihrem Mann, was Sie an positiver Begegnung bekommen, bewahren Sie den Alltag, freuen Sie sich über das gemeinsame Haus, erziehen Sie gemeinsam die Kinder und gönnen Sie ihm den kleinen Seitensprung.«

Nun habe ich immer wieder beobachten müssen, dass genau dieser tolerante Umgang mit dem Seitensprung langfristig kaum möglich ist, ohne dass zumindest der/die Betrogene daran Schaden nimmt. Deshalb bin ich grundsätzlich stets für die Treue eingetreten, denn es hat mich oft sehr bewegt, welche Dramen, welchen Kummer die Untreue auslöste. Aber ich habe auch erlebt, welche Sehnsüchte und Leidenschaften ein Seitensprung freisetzen konnte. Zum Normalfall wurde für mich allerdings die Untreue nie. Sie ist nach meiner Erfahrung immer das Scheitern einer Liebesbeziehung. Aber nicht jeder wird diese Einschätzung teilen. Viele Menschen sind bewusst untreu und empfinden dies als lustvoll. Oft sind sie sehr liebenswürdig, stellen schnell eine vertraute Bindung her. Sie berichten meist, dass die Treue für sie zu einengend sei. Außerdem sei das Leben sehr kurz, es gäbe so viele schöne Frauen bzw. Männer: »Soll ich wirklich darauf verzichten? Ist das Leben nicht viel interessanter, wenn man gelegentlich untreu ist?«, fragte mich kürzlich ein Mann ›in den besten Jahren‹. Er gehört zu jenen Menschen, die aus Überzeugung untreu sind. Doch für zwei Drittel meiner Interviewpartner war jeder Seitensprung mehr ein ›Betriebsunfall‹ und keine ›normale‹ Form der Lebensführung.

Die Versuchung

Nun höre ich immer wieder, dass eigentlich jeder Mensch untreuegefährdet sei. »Wenn Alkohol im Spiel und eine entsprechende Situation gegeben ist, neigt dann nicht jeder zur Untreue?«, fragte eine Frau, deren Mann seit Monaten fremdgeht. Diese Sichtweise ermöglichte es ihr wohl auch, alles als weniger verletzend, weniger dramatisch zu empfinden. Und tatsächlich sind viele Menschen untreuegefährdet und erleben den Seitensprung wie aus heiterem Himmel. Er ist meist ungeplant, zunächst ungewollt und wird von dem Betroffenen wie ein Naturereignis empfunden. »Es kam über mich wie ein Sturm, ich konnte dem nicht widerstehen«, bekannte eine Krankenschwester, die nach 15-jähriger Ehe ihrem Mann untreu wurde. Sie hatte ihm zwar vor dem Traualtar die Treue versprochen, war dazu auch bereit, aber dann wurde die Beziehung immer distanzierter und glich schließlich eher einer Wohngemeinschaft. Sie arrangierte sich damit, bis dieser charmante Mann in ihr Leben trat. Sie fühlte sich nun wie ein Deich, der den anstürmenden Wassermassen nicht mehr standhalten konnte. Offenbar gibt es Situationen, in denen ein Seitensprung der Ausdruck dafür ist, dass Lebenskräfte zum Durchbruch kommen. Das wissen am besten Kurärzte, die Patienten mit vielfältigen chronischen Erkrankungen behandeln. Oft stellen sie dann eine überraschende Besserung fest und nicht selten ist diese auf einen Kurschatten zurückzuführen. Dieser Kurschatten ist fast immer recht verliebt und strebt im Allgemeinen auch eine erotische Beziehung an. Das beflügelt natürlich den umworbenen Kurgast, der plötzlich nicht nur lebenslustiger, sondern auch gesünder wird.

Dieses seelische Medikament einer neuen Liebschaft war schon ein Thema auf dem 86. Deutschen Bädertag in Bad Homburg. Dort konnten viele der 500 Kongressteilnehmer berichten, dass unverhoffte gesundheitliche Veränderungen häufig mit einer neuen Liebe zusammenhängen. Dabei waren sich die Mediziner darüber einig, dass es keine Gründe gibt, sich als Moralapostel aufzuspielen. Sie wissen, dass die heilsame Wirkung des Kurschattens vor allem darin liegt, dass sich ein Mensch wieder verstanden und angenommen fühlt und sich aussprechen kann. Sie hatten durchaus Verständnis dafür, dass dann auch die erotische Begegnung nicht ausgespart bleibt. Dies jedenfalls würde manchen Psychiater ersparen und wirkungsvoller sein als viele Pillen. Und selbst die Kirche hat sich mittlerweile mit diesem Thema beschäftigt. Auf einer Landestagung der Kurseelsorger in Dürrheim stellten die Geistlichen fest, eine Ehe würde nur dann nach einem Kurschatten-Erlebnis zerbrechen, wenn diese schon vorher in einem schlechten Zustand gewesen sei – und gaben der Untreue damit verständnisvoll den Segen. Diese Geistlichen erkannten, dass sich die meisten Seitensprünge ereignen, wenn sich die Ehe in einer massiven Krise befindet. Wer dagegen die innere Verbindung zu seinem Partner spürt, ist fast immun gegen jede Versuchung. Insofern ist jede Untreue ein Drama und kein Alltagsereignis, das jedem jederzeit zustoßen kann.

Der Seitensprung als Befreiung

Das Phänomen des Kurschattens zeigt, dass ein Seitensprung oft eine befreiende Wirkung hat. Häufig entsteht die Untreue wie ein Erdbeben, wenn lange eine Erstarrung in der Liebe bestand. Zwar gibt es auch notorische Seitenspringer. Doch im Allgemeinen ist der Seitensprung Ausdruck dafür, dass längst eine Entfremdung in der Ehe eingetreten ist, dass die Liebesbeziehung seit Jahren dahindümpelt. Eine Frau erzählte mir kürzlich, ihr Mann habe schon seit Jahren kein Interesse mehr an ihr, es gäbe keine Erotik mehr, auch keine richtigen Gespräche, man könne sich aber auch nicht trennen, die Situation sei verfahren. Dann sei sie zur Kur gefahren, habe einen netten Mann kennengelernt und sie habe sich gefühlt, als sei ein Deckel weggeflogen. Offenbar kann ein Seitensprung dann als Befreiung empfunden werden.

C. G. Jung hat schon vor über 50 Jahren davon gesprochen, die Treue werde überschätzt. Sie könne heutzutage kein Ideal mehr sein. Und in den letzten Jahren mahnte vor allem der Paartherapeut Michael Mary, man solle die Untreue nicht verdammen. Man solle ruhig ›seitenspringen‹, wenn man sich dabei nicht den Knöchel verstaucht. Das erinnert an eine sportliche Veranstaltung, bei der man nur geschickt genug sein muss. Ähnlich wirkt auch die Stellungnahme der Journalistin Leona Siebenschön, dass ein Ehebruch kein Beinbruch sei. Das klingt witzig, ist es aber nicht. Für den Betrogenen ist es meist ein seelischer Weltuntergang, eine Erschütterung, die er noch nach Wochen und Monaten spürt. »Es ist, als würde sich der Boden öffnen und ich ohnmächtig hineinfallen«, schilderte mir eine Lehrerin ihre Gefühle in dem Moment der ›Entdeckung‹. Die flotte Einschätzung von Wilhelm Busch trifft fast immer zu:

»Dieweil es meist Spektakel gibt,
Wenn man sich durcheinander liebt.«

Was soll ich tun – mein Mann ist untreu?

Sind Sie auch der Meinung, dass die Untreue viele Verwicklungen mit sich bringt, dass die Treue wichtig ist? Dann gehören Sie zu der großen Mehrheit der Deutschen, für die Treue zur Basis der Liebe gehört. Für 71 Prozent der Männer ist es sogar eine Todsünde, wenn sie von einer Frau betrogen werden. Nur 20 Prozent sehen dies als Kavaliersdelikt an. Gleichzeitig aber zweifeln 38 Prozent der Befragten daran, dass der Mensch von Natur aus treu sein könne. Sie haben zumindest insofern Recht, dass vielen Menschen die Leidenschaft des Seitensprungs wichtiger ist als die Beständigkeit in der Ehe. Und daraus erwachsen unendlich viele Konflikte. Am dramatischsten ist dieser Konflikt natürlich für die ›Betrogene‹, wenn sie von dem Seitensprung erfährt. »Was soll ich nun tun? Mein Mann ist untreu. Ich war erst wütend und verzweifelt und ich weiß einfach nicht: Soll ich mich trennen, es noch einmal versuchen, was soll ich tun?« – Diese Frage von verzweifelten und ratlosen Frauen höre ich häufig. Und dann bemühe ich mich, in einem intensiven Klärungsprozess die Ursachen der Untreue zu erkunden. Denn wie bei einer körperlichen Krankheit müssen wir zuerst die Auslöser kennen, den Verlauf erfragen, eine Diagnose stellen, und erst dann kennen wir den Weg zur Heilung. Die Untreue ist immer das Resultat einer verhängnisvollen Entwicklung. Sie zeigt, dass die Kernkonflikte der Liebe nicht befriedigend gelöst werden konnten. Insofern ergeben sich sechs konkrete Fragen, die ich jedem Ratsuchenden stelle, um das Untreueproblem zu lösen:

Frage 1: Ist die Beziehung noch lebendig?

Wer eine Beziehung beginnt, hofft auf eine lebendige und zugleich lebenslängliche Verbindung. Wir suchen den Wandel und sind auch auf Beständigkeit angewiesen. Wir planen eine Partnerschaft nicht für einige Jahre, sondern für die Ewigkeit. Sonst wären wir kaum in der Lage, uns seelisch zu öffnen, alle üblichen Sicherheitsmaßnahmen über Bord zu werfen, intime Geheimnisse mitzuteilen und mit dem anderen gemeinsame Lebensperspektiven aufzubauen.

Entsinnen Sie sich noch an die letzte große Liebe? Sie schwebten vor Glück fast unter der Zimmerdecke, hatten Schmetterlinge im Bauch, und Ihnen war manchmal regelrecht schlecht bei dem Gedanken, dass diese Liebe scheitern könnte. Wochenlang, monatelang war diese Liebe das Zentrum Ihres Lebens. Sie haben viele Gefühle und Hoffnungen in diese Beziehung investiert, haben zugehört, gesprochen, haben sich bemüht und viel nachgedacht. Es hat Jahre gedauert, bis Sie den Partner wirklich kennengelernt haben, bis Sie um seine Vorlieben, Angewohnheiten, Interessen wussten. Und in dieser Zeit der Eroberung und Erkundung war die Liebe lebendig. Doch dann kamen der Alltag, erste Konflikte, die Sorgen um die Kinder, Belastungen durch den Beruf. Nicht immer können Verletzungen ausgeräumt werden, oft scheint es keinen Sinn mehr zu haben, miteinander zu reden. Jeder baut eine Sicherheitsdistanz auf. Man geht sich aus dem Weg, empfindet kein Herzklopfen mehr, küsst sich nicht mehr. Schließlich erstirbt auch das Gespräch, und die ehemals so stürmische Beziehung wird immer mehr zu einer kameradschaftlichen Bindung. Man hängt noch am anderen, aber eine wirkliche Begegnung findet nicht mehr statt. Nun ist zumindest der aktivere Partner gefährdet und wird einen Seitensprung begehen, wenn er emotional und körperlich von einem Menschen stark angerührt wird. Wenn es nicht gelingt, die Beziehung wieder zum Leben zu erwecken, ist eine Trennung fast unvermeidlich.

Frage 2: Haben Sie oder der Partner Angst vor Nähe?

Die Liebe hat die Aufgabe, uns der Vereinzelung, der Einsamkeit zu entreißen. Sie ist eine enorme Bereicherung. Gleichzeitig ist eine Liebesbeziehung gefährlich. Der andere bekommt einen großen Einfluss auf uns, vor dem wir uns sichern müssen. Jeder Mensch hat deshalb einen Konflikt zwischen Nähe und Autonomie: Wir brauchen den anderen und müssen uns doch vorsehen, damit durch ihn der eigene Lebensentwurf nicht gefährdet wird. Wir können uns eine Partnerschaft so vorstellen, dass sich zwei Kreise aufeinander zu bewegen. Aus ihnen muss ein neues Gebilde entstehen, ohne dass der eigene Lebenskreis erlischt. Die Individualität der beiden Partner muss erhalten bleiben, denn dies macht die Spannung, das Interessante in der Partnerschaft aus. Wer in einer Beziehung zu viel Nähe sucht, gibt sich mit der Zeit auf. Er ist vom Partner abhängig und leidet oft unter Eifersuchtsgefühlen. Doch wer zu stark auf sein eigenes Ich bedacht ist, auf seine Autonomie, wird das vertraute Wir-Gefühl nie ausreichend erfahren. Er wird sich deshalb bei kleinen Konflikten zurückziehen, an der Beziehung zweifeln und sich durch gelegentliche Seitensprünge beweisen, dass er noch in der Lage ist, allein zu leben. Dann spürt er seine Autonomie, seine Individualität und ist meist in der Lage, sich wieder stärker auf die Partnerschaft einzulassen. Er hat Angst vor der Beständigkeit und Tiefe einer Beziehung, fühlt

sich schnell abhängig, kann sich nicht verwurzeln und sucht immer wieder das Neue. Er lebt so, als wäre er immer auf der Flucht nach dem Neuen. Der Seitensprung ist vorprogrammiert.

Frage 3: Besteht noch Erotik?

Ich bin immer wieder überrascht darüber, dass sich Partner fast daran gewöhnen, dass in ihrer Liebesbeziehung keine Sexualität mehr besteht. Das ist in Langzeitbeziehungen leider fast der Normalfall. Wir wissen, dass sich nach mehreren Jahren die Sexualität in nahezu allen Partnerschaften halbiert. Zugleich wird die Sexualität weniger aufregend und eher kameradschaftlicher. Da werden keine Kissen mehr zerwühlt, man reißt sich nicht mehr die Kleider vom Leibe, empfindet nicht das Prickeln der ersten Jahre, man ist nicht aufgeregt, fast gierig nach dem anderen. Die Sexualität wird zur Routine; eine Freundin pflegte spöttisch zu sagen: »Und jeden Sonntagvormittag heißt es dann: rauf auf Mutti …« Diesen erotischen Niedergang in vielen Ehen hat Wilhelm Reich zu einem Naturgesetz erklärt. Für ihn bestand der Grundkonflikt jeder Ehe in der zunehmenden sexuellen Abstumpfung und der anwachsenden zärtlichen Bindung an den Partner. Liebe und Sexualität würden sich auf die Dauer ausschließen. Dies ist auch die Meinung des Paartherapeuten Michael Mary. Er ist überzeugt, dass es leidenschaftliche Liebe und partnerschaftliche Liebe mit einem einzigen Partner nicht geben könne. Denn die Leidenschaft entstehe aus der Fremdheit, dagegen sei die Harmonie die Basis der Liebe. Das Abflauen der Leidenschaft und damit auch der Sexualität sei deshalb ganz normal, wenn man sich genauer kennen würde.

Oft kann man tatsächlich beobachten, dass im Laufe der Ehe eine fast lähmende Vertrautheit einsetzt. Man kennt sich gut, zu gut, jeder hat sich ein wenig zurückgezogen. Es herrscht Ruhe. Etwas zynisch hat ein Kollege einmal gemeint, nach zehn Jahren seien Beziehungen ausgeleiert. Doch ist dies zwangsläufig so? Müssen Ehen wirklich langweilig werden? Muss die zunehmende Vertrautheit lähmend sein? Das wäre absurd – denn es ist doch grundsätzlich ein dramatischer Vorgang, wenn man sich besser kennenlernt. Aber im vertrauten Alltag gibt es Konflikte, es gibt die kleinen Tretminen, die zu seelischen Verletzungen und Enttäuschungen führen. Darum setzt ein Rückzug beider Partner ein, was zum Erlöschen der Leidenschaft führt. Und so erlischt im Laufe der Zeit natürlich auch die Erotik, die Sexualität. Insofern ist der Rückgang der Sexualität nach meiner Erfahrung das Resultat unbewältigter Konflikte, von nicht geführten Gesprächen. Das führt zu massiven erotischen Defiziten und die Partner gehen mit »ungebundener Sexualität« durch die Welt. So ganz lässt sich das erotische Verlangen doch nicht verdrängen, immer wieder spürt man die Sehnsucht nach wirklicher Begegnung und auch intensivem Sex. »Ich möchte wieder das heftige Pumpen in mir spüren, das rasende, glühende Blut, den langsamen, liebkosenden Rhythmus und das plötzlich heftige Stoßen, die Raserei in den Pausen …«, schrieb Anaïs Nin an ihren Liebhaber Henry Miller. Und aus solchem Verlangen wird irgendwann ein Seitensprung.

Die eigentliche Kernfrage lautet also: Kann es gelingen, dass über die Jahre hinweg eine Beziehung leidenschaftlich und aufregend bleibt? Ich bin überzeugt, dass dies möglich ist. Die Abnahme der Leidenschaft ist kein zwangsläufiger Prozess, sondern die Folge vieler kleiner seelischer Reibungen und großer Konflikte, die zum Verlust von Sehnsucht und Nähe führen. Dann gibt es eine Begegnung mit mittlerer Distanz, bei der eine alltägliche Nähe entsteht, ohne dass eine wirkliche Vertrautheit und Leidenschaft aufkommt. Und diese leidenschaftslose Nähe schafft die Voraussetzungen für den Seitensprung. Nun besteht ein Defizit, das zu einer Explosion führen kann, wenn durch Sehnsucht, einem ausreichenden Lebensmut und einem werbenden Dritten eine entsprechende Situation entsteht.

Frage 4: Welche Bedürfnisse erfüllt der Partner – wie einseitig ist die Liebesbeziehung?

Haben Sie sich auch schon oft gefragt, über welche Eigenschaften ein Partner oder eine Partnerin verfügen sollte? Männer wünschen sich seit Jahrhunderten Partnerinnen, die sowohl Mutter als auch Hausfrau, Freundin und Geliebte sein sollen. Und mittlerweile stellen auch Frauen solche Ansprüche: Sie suchen einen Mann, der ein richtiger Kerl und trotzdem zärtlich sein soll, der erwachsen ist und sich auch manchmal wie ein ausgelassener Junge verhält. Oft soll er auch noch Familienvater sein und einen Teil der Küchendienste übernehmen. Natürlich wissen wir, dass wir nicht alles bekommen. Jede Entscheidung für eine Partnerschaft bedeutet, dass ein wichtiger Teil unserer Wünsche nicht in Erfüllung geht. Aus diesem Grund fällt es jungen Menschen manchmal schwer, sich endgültig zu binden und treu zu sein. »Ich weiß doch gar nicht, worauf ich verzichte, wenn ich mich jetzt endgültig mit einer Frau einlasse«, klagte kürzlich ein 23-jähriger Student. Doch irgendwann müssen wir uns binden; sonst bleibt das Leben unverbindlich und man findet keine Wurzeln. Aber es ist nicht leicht, sich immer wieder zum Partner zu bekennen und ihm zu sagen: »Ich möchte mit dir zusammen alt werden.« Denn man wird immer wieder mit der Tatsache konfrontiert, dass der Partner Einseitigkeiten aufweist, die nur schwer zu ertragen sind. Solche Einseitigkeiten sind es vor allem, die einen Menschen auf Dauer unattraktiv machen:

- Der liebe und anpassungsfähige Partner erweist sich in bestimmten Situationen als wenig initiativ und resolut. Bei ihm fühlt man sich geborgen, aber man bewundert ihn nicht. Die erotische Spannung ist gering, man geht gemeinsam eher geschwisterlich durchs Leben.

- Mit dem temperamentvollen Partner kann man interessante erotische Abenteuer und prickelnde Stunden genießen. Weil man ihn jedoch sehr oft als wenig zuverlässig erlebt, entscheidet man sich letztlich im Allgemeinen doch für den Bruder- beziehungsweise Schwestern-Typ.
- Der tüchtige Partner denkt immer nur an die Arbeit, mit ihm kann man weder einen Sonnenuntergang noch eine Mondnacht oder den Gesang einer Nachtigall erleben.
- Und der fantasievolle Partner ist wenig alltagstauglich, er kann noch nicht einmal einen Nagel in die Wand schlagen. Er kann zwar Gedichte schreiben, aber kein Geld verdienen.

Wer einen sehr einseitigen Partner hat, ist in wichtigen Bereichen seiner Persönlichkeit ungebunden. Er hat starke Defizite und befindet sich gleichsam nur mit einem Bein in der Partnerschaft. Und manchmal wird er sich die ketzerische Frage stellen, ob er sich nicht mehrere Partner suchen sollte. Beschränkt man sich nicht in seiner Lebensentfaltung, wenn man immer einem Menschen die Treue hält? Eine Frau sagte mir einmal: »Ich würde gern mehrere Männer in einen Mixer stecken … man braucht mehrere Männer, um glücklich zu werden.«

Kann man mehrere Frauen oder Männer lieben?

Warum sollte man nicht mehrere Menschen lieben, damit sich ihre Einseitigkeiten ausgleichen? – Goethe schilderte in »Stella« eine Doppelliebe: zwei Frauen, die sich einen Mann teilen. Damals war es in den besseren Kreisen der Gesellschaft durchaus nicht ungewöhnlich, eine Geliebte zu haben. Doch die von dem Dichterfürsten vollzogene Heiligsprechung der Dreierbeziehung erregte 1776 die Gemüter. Nach zehn Aufführungen von »Stella« erfolgte ein polizeiliches Verbot. 30 Jahre später änderte Goethe das Stück und zollte den gesellschaftlichen Moralvorstellungen Tribut. In der überarbeiteten Fassung erschießt sich Fernando, Stella nimmt Gift, und die öffentliche Moral ist gerettet.

Auch heutzutage haben die meisten Menschen große Schwierigkeiten damit, ihren Partner mit anderen zu teilen. Für sie kann es sinnvoll sein, sich viele Freunde zu suchen, um die Partnerschaft von übermäßigen Ansprüchen zu entlasten. Die Partner können sich dafür entscheiden, dass ihre Liebesbeziehung trotz aller Vielfalt in den Freundschaften etwas Besonderes bleibt, und deshalb die Sexualität nur mit dem eigenen Partner erleben.

Doch gerade diese Einschränkung stört die Verfechter der absoluten sexuellen Freiheit. Zu ihnen gehört vor allem Wilhelm Reich. Für ihn ist die Erfüllung der sexuellen Wünsche eine unabdingbare Voraussetzung des Lebensglücks. Dieser Auffassung folgend wurde in der Studentenbewegung die offene Ehe propagiert, und dies führte häufig dazu, dass Männer und Frauen mehrere sexuelle Verhältnisse eingingen. So plädierte Leona Siebenschön dafür, den sexuellen Treueschwur aufzuheben, da die Ehe eher ein Gefängnis als ein Hort der Geborgenheit wäre. Aber schon damals machten fast alle die Erfahrung, dass gleichzeitige sexuelle Beziehungen zu einer Irritation der Liebesbeziehung führen. Die Basis der Liebe besteht doch in der seelischen Öffnung und Hinwendung zu einem Menschen, dem man vertrauen und auf den man sich verlassen können will. Durch eine sexuelle Freizügigkeit zerstört man diese Vertrauensgrundlage, was zwangsläufig zu einer Entfremdung führt.

Aber wenn die Beziehung dahindümpelt, ist es wirklich schwer, treu zu sein. Wenn der Partner immer sachlich und vernünftig ist, sehnt man sich doch danach, einmal in den Armen eines romantischen Mannes zu liegen. Es stellt sich dann die Frage, wie veränderungsfähig der Ehemann oder die Frau ist. Oft reicht es uns ja, wenn der andere sich bemüht und unsere Wünsche ernst genommen werden. Oder ist es tatsächlich notwendig, dass wir darauf im Leben verzichten? Auf einem Fest sagte mir kürzlich eine Pfarrerin: »In der wirklichen Liebe verzichten wir auf viele Genüsse, um den Partner nicht zu verletzen. Man muss auch seine Triebe kontrollieren. Sonst ist es keine Liebe.« – Ich stieg nachdenklich auf mein Fahrrad und stand zwei Stunden später auf einem Kartoffelfeld, weil ich die Orientierung verloren hatte.

Frage 5: Sind Sie bereit zu verzichten?

»Soll ich mich arrangieren?«, fragen sich manche Frauen, die sich in der Rolle einer Geliebten befinden, die so gut wie immer von einer leidvollen Sehnsucht erfüllt ist. Und die gleiche Frage höre ich häufig auch von Frauen, deren Mann einen Seitensprung begangen hat. Sie überlegen, ob sie sich mit der Situation abfinden sollen. Sie haben ein gemeinsames Haus, einen Freundeskreis, Kinder, und wollen dies alles bewahren. Vielleicht haben sie auch Angst vor einer Trennung, weil sie sich das Alleinleben nicht zutrauen.

Bei dieser Frage gibt es zwei Herangehensweisen: Es gibt die Realisten, die vor allem die konkreten Möglichkeiten und Fähigkeiten der Ehepaare berücksichtigen. Sie plädieren dafür, sich zu arrangieren und aus einem Seitensprung kein Drama zu machen. Die Idealisten dagegen glauben an das Ideal der lebenslangen Treue und treten für eine Lösung ein, die langfristig zur Treue führt. Ich tendiere eher zu diesem Ansatz, obwohl mich viele meiner Kollegen warnen, dass dieser nicht realistisch sei. Immerhin zweifeln 38 Prozent der Deutschen daran, dass wir treu sein können. Außerdem müssen wir akzeptieren, dass inzwischen in Großstädten jede zweite Ehe scheitert. Und der häufigste Scheidungsgrund sind die Folgen des Ehebruchs. Deshalb sagt auch die amerikanische Soziologin Helen Fischer, die Menschen hätten ein Bedürfnis nach prickelnder Verliebtheit: »Wir können nur vier Jahre treu sein. Dann suchen wir einen neuen Partner.« Zwar scheitern in Deutschland die meisten Ehen nicht nach vier, sondern erst nach sechs Jahren. Aber es gibt auch hier –

so der Bevölkerungswissenschaftler Wolfgang Schulz – einen Trend zur »Bindung ohne Verbindlichkeit«.

Dennoch glauben fast 90 Prozent der Deutschen an die große Liebe, ergab eine repräsentative Umfrage des Emnid-Instituts. Und solche Ideale sind wichtig bei der Gestaltung einer Partnerschaft. Im Allgemeinen haben wir zwar zu hohe Erwartungen an eine Partnerschaft und können deshalb mit Konflikten nicht geschickt umgehen. Dennoch wäre es verhängnisvoll, wenn wir nun alle Erwartungen drastisch reduzierten. Denn alle Studien zeigen, dass wir eher enttäuscht werden, wenn wir zu nüchtern-realistisch an eine Partnerschaft herangehen. Wer wenig von einer Partnerschaft erwartet, wird auch wenig bekommen – dies ist die Erkenntnis aller Partnerschaftsstudien. Wir investieren dann zu wenig in die Beziehung, verhalten uns zu vorsichtig. Wir müssen uns schon mit Haut und Haaren verlieben, eine Partnerschaft mit aller Leidenschaft beginnen und bereit sein, an der Beziehung zu arbeiten. Und wir müssen den Partner gelegentlich sogar idealisieren und ihn fördern. Deshalb sagt Verena Kast, Liebe könne vielleicht nur dann entstehen, wenn man in einen Menschen seine besten Möglichkeiten hineinsehen und diese aus ihm herauslieben könne.

Meines Erachtens sind beide Ansätze berechtigt. Wir müssen in einer Krise realistisch sein, und dazu gehört viel Toleranz, Humor und gelegentlich auch die Fähigkeit des Verzeihens. Gleichzeitig sind Ideale lebenswichtig. Sie sind Zielpunkte unseres Handelns. Wir dürfen uns nicht immer anpassen, uns mit dem Leben arrangieren, weil wir uns sonst verbiegen, weil wir dann erkranken und uns selbst verlieren. Wir müssen zumindest ansatzweise den Traum von Liebe aufrechterhalten. Allerdings müssen wir auch bereit sein, sehr viel dafür zu tun. Wir müssen vielleicht darum kämpfen, uns selbst ändern. Aber wir behalten auf diese Weise unsere Selbstachtung, unsere Träume, unser inneres Rückgrat. Deshalb frage ich immer wieder: »Wie wünschen Sie sich eine Beziehung? Mit welchen Erwartungen haben Sie die Beziehung begonnen?

Wie würden Sie gern in zehn Jahren leben? Wie sah Ihr Liebestraum in der Jugend aus, wie haben Sie sich eine Partnerschaft vorgestellt?« Wenn wir uns unserer Wunschwelt bewusst werden, müssen wir zwar viele Kompromisse eingehen, damit wir in der Liebe nicht scheitern. Aber wir dürfen unsere Kernbedürfnisse nicht verraten, weil wir uns sonst selbst aufgeben. Und dazu gehört auch das Bedürfnis nach Treue.

Allerdings ist nicht für jeden Menschen die Liebe der höchste Wert, und nicht immer entscheidet man sich für die Treue. Manchmal ist man bereit, einen hohen Preis dafür zu bezahlen, dass man weiter zusammenleben kann. »Ist es nicht möglich, dass ich meine Eifersucht überwinde?«, werde ich dann gefragt. Der Ehemann ist untreu, hat gelegentlich eine Geliebte, und die Ehefrau meint beschwichtigend, eigentlich würde sie ja davon wenig mitbekommen. Und überhaupt: Die Naturvölker würden doch auch keine Eifersucht kennen. Das mag sein, obwohl ich bei solchen Berichten immer vorsichtig bin. Außerdem beruhte die sexuelle Freizügigkeit dieser Naturvölker auf einer Einordnung in das Kollektiv, das Individuum bedeutete wenig. Deshalb war es fast egal, mit wem man die Stunden der Lust verlebte. Doch die kulturelle Entwicklung der Menschheit hat zu dem Bewusstsein der Einzigartigkeit des Individuums geführt. Wir sind aus der Sippe, der Gruppe, dem Kollektiv herausgetreten, empfinden uns als unverwechselbare Persönlichkeit. Deshalb lieben wir auch einen einzigartigen, besonderen Menschen und wollen so auch wahrgenommen werden. Die Eifersucht entspricht diesem Bewusstsein und kann nicht einfach ausgeschaltet werden. Die Eifersucht als Warnsignal der Liebe ist ein Ergebnis dieses Kulturprozesses; wir würden uns vergewaltigen, wenn wir dieses Signal einfach auszuschalten versuchen. Wenn wir die Eifersucht verdrängen, ist dies so wie die Vollnarkose im Mittelalter, die mit einem großen Hammer durchgeführt wurde. In uns stirbt dann nicht nur die Eifersucht, sondern alle zarten Gefühle der Nähe und Hingabe. Wir stumpfen ab, empfinden weniger, und dann leiden wir nicht mehr so sehr unter der Untreue des Ehemannes oder der Ehefrau.

Frage 6: Haben Sie Schuldgefühle, was ist für Sie Moral?

»Das kann er mir nicht antun. Er hat mir die Treue versprochen«, höre ich immer wieder. Und dass das Verhalten des untreuen Partners unmoralisch sei. Noch deutlicher zeigt sich das Thema »Moral« in den Schuldgefühlen. »Ich habe massive Schuldgefühle, weil ich ein Verhältnis mit einem anderen Mann begonnen habe. Mein Mann hat mir in schlechten Zeiten beigestanden, wir haben zusammen die Kinder großgezogen, wir sind seit über 14 Jahren zusammen. Er ist ein netter Kerl. Das hat er nicht verdient, dass ich ihn verlasse. Und ich bin katholisch. Ich habe ihm doch einmal versprochen, dass wir zusammenbleiben, bis dass der Tod uns scheidet. Keiner würde es verstehen, wenn ich mich trenne, meine Eltern nicht, meine Schwiegereltern nicht. Ist mein Verhalten nicht unmoralisch?«, so die Frage einer liebenswürdigen Frau, die unter massiven Schuldgefühlen litt, weil sie auf das eigene Lebensglück nicht verzichten, gleichzeitig aber ihren Mann nicht verletzen wollte. Sie fühlte sich jenem Moral-Kodex verpflichtet, der ihr in ihrem Umfeld vermittelt wurde. Doch der Sehnsucht nach dem eigenen Glück wohnt eine große Wucht inne. Die Geschichte der Menschheit hat gezeigt, dass alle moralischen Vorschriften die Neigung zur Untreue nicht hemmen konnten. Setzt man auf die mächtigen Triebkräfte einen Deckel, wird dieser irgendwann weggesprengt. Selbst die gewaltigen Kräfte der Kirche konnten es jahrhundertelang nicht verhindern, dass Menschen fremdgingen. Weder das Gebot: »Du sollst nicht ehebrechen« noch die Ausgrenzung von »Ehebrechern« haben die Untreue wirksam eingrenzen können. Deshalb bin ich überzeugt, dass moralische Gebote nicht das Hauptargument bei einer Entscheidung sein dürfen, obgleich jede Untreue auch ethische Fragen aufwirft. Egal wie geschickt man vorgeht – bei fast jedem Seitensprung bleibt ein Mensch gekränkt, enttäuscht, seelisch verletzt zurück. Es ist immer buchstäblich einer zu viel im Boot der Liebe. Früher oder später geht er über Bord. Das ist leider Lebensrealität. Meine weise Großmutter pflegte dann immer zu sagen: »Da liegt kein Segen drauf.« Nun können wir nicht immer Entscheidungen treffen, mit denen alle einverstanden sind. Doch wir müssen uns bemühen, Lebenslösungen zu finden, die uns glücklich machen, aber andere Menschen möglichst nicht verletzen. Es kann nicht sein, dass wir unser Lebensglück mit dem Unglück anderer erkaufen.

Ich war immer schockiert von der Biografie Bertolt Brechts. Er machte bereits in seinen Gedichten deutlich: »In mir habt ihr einen, auf den könnt ihr nicht bauen.« Und so behandelte er auch die Frauen in seinem Lebenskreis. Erwähnt sei nur Ruth Berlau, die ihren Mann verließ, um mit Brecht zusammenzuleben: Sie wurde seine Geliebte und seine wichtigste Mitarbeiterin. Doch er war nicht treu und wollte nach einigen Jahren sogar die Beziehung »versachlichen«, indem er die sexuelle Beziehung beendete. Ruth Berlau reagierte mit Eifersucht, hatte Stimmungsschwankungen. Nach dem Tode Brechts bekam sie Hausverbot an seinem Theater. Sie musste sich häufig gefragt haben, ob sie nicht von Brecht ausgebeutet wurde. Sie rauchte oft im Bett und erstickte bei einem Schwelbrand in einem Krankenzimmer in der Charité.

Brecht, dessen Werke ich sehr schätze, war im Bereich der Liebe sehr egoistisch und rücksichtslos. Aber es gibt auch Menschen, die auf alle anderen Rücksicht nehmen und deshalb die anstehenden Konflikte nicht lösen können. Dabei spüren sie meistens durchaus, dass dies in einem Drama enden wird. Wenn sich beispielsweise ein Mann zu zwei Frauen hingezogen fühlt, müsste er sich irgendwann entscheiden. Und er muss sich letztlich für sich selbst entscheiden und sich – bei aller Rücksichtnahme und Bindung – von einer Frau trennen, die er enttäuscht, verletzt und traurig zurücklässt.

Eine andere Lösung gibt es leider nicht. Doch diese Entscheidung ist nach meiner Überzeugung moralischer als ein Doppelleben, weil sie nach einer Trauerphase dem »betrogenen« Partner die Möglichkeit einer neuen Liebe einräumt. Dennoch wäre es sicher oft am besten, wenn wir unsere Liebeskonflikte klären und uns notfalls trennen, bevor wir einen Seitensprung begehen, der immer zu seelischem Kuddelmuddel führt.

In den vergangenen Jahren haben mich häufig die seelischen Erschütterungen bewegt, unter denen vor allem die Ehefrauen litten, deren Mann fremdgegangen war. Oder die als Geliebte immer wieder vergeblich auf die feste Beziehung mit einem verheirateten Mann hofften. Doch diese Eindrücke habe ich bei dem Projekt »Treue« zunächst in den Hintergrund gestellt. Ich wollte die verschiedenen Facetten der Treue erfassen und verstehen, warum Menschen einen Seitensprung begehen. Deshalb habe ich mich viele Jahre lang bemüht, Menschen vorurteilsfrei zu interviewen. Ich habe nicht nur viele Patienten befragt, sondern auch gute Freunde, Kollegen und Bekannte gebeten, mir etwas mehr aus ihrem Privatleben zu erzählen. Insgesamt habe ich 200 Interviews durchgeführt, davon 100 tiefenpsychologische Interviews über mehrere Stunden, in denen ich auch viel über Kindheit, Jugend, Träume, Entwicklungen, Partnerschaften und die Konflikte erfuhr. Manchmal hatte ich Angst, dass die Befragten empört aufstehen und gehen würden. Doch fast immer waren die Gesprächspartner von dem Thema ebenso fasziniert wie ich. So entstanden viele sehr persönliche Interviews, die ich stellenweise wiedergebe, wobei die Anonymität der Personen gewahrt bleibt.

Die individuelle Lebensantwort

Die Interviews haben mir wieder deutlich gemacht: Es gibt keine Standardlösungen. Zwar ist für mich die Treue das Ideal der Liebe, aber jeder muss seinen eigenen, individuellen Weg finden, um die Konflikte der Liebe zu lösen. Insofern brauchen wir gerade beim Thema ›Treue‹ eine große Toleranz. Wir müssen zur Kenntnis nehmen, dass sich viele Paare darauf verständigen, dass jeder seinen eigenen Weg gehen darf. Man bleibt zusammen, steht sich in Krisenzeiten bei, lagert aber die Sexualität aus. Es mag gute Gründe geben, warum man trotzdem zusammenbleibt. Doch führt die Untreue fast immer zu inneren und äußeren Spannungen. Zumindest eine Person – meist ist dies die Ehefrau – zahlt dafür einen hohen Preis, da sie Kränkungen erlebt, die auf Dauer ihre Selbstachtung massiv beschädigen.

Dennoch wäre es falsch, ein abstraktes Treuegebot zu errichten und andere danach zu beurteilen. Denn Lebenswünsche, die oft in der Untreue zum Durchbruch kommen, lassen sich nicht auf Dauer eindämmen. Deshalb müssen wir Menschen aus ihrer eigenen Seelendynamik heraus begreifen, dürfen ihnen nicht unsere persönlichen Lebensüberzeugungen überstreifen. Und wir müssen uns immer bewusst sein: Der einzige Schutz gegen Untreue besteht in einem lebendigen Liebesglück, das beide nicht aufs Spiel setzen wollen.

Was ist Untreue?

Natürlich stellt sich die Frage, was eigentlich Untreue ist. Wer zu Untreue neigt, wird die Grenzen der Definition möglichst weit fassen. Selbst längere Küsse und erotische Berührungen werden dann nicht als Untreue angesehen, und natürlich ist der Besuch einer Prostituierten keine Untreue. Auch ein sexuelles Abenteuer wird von manchen Männern nicht als Untreue gewertet, wenn dabei keine Liebe im Spiel ist. Und Oralverkehr ist seit der Clinton-Affäre auch keine Sexualität. Schließlich wird argumentiert, dass man ja vieles lieben könne: die eigene Großmutter, die Kinder, das Vaterland, Nudeln mit Tomatensoße und auch die eigene Ehefrau. Durch solche Wort-Verwässerungen werden die Grenzen verwischt, die aber zur Klarheit des Denkens notwendig sind.

Die erotische Liebe ist nach meiner Überzeugung immer nur mit *einem* Menschen möglich, den wir als den Mittelpunkt unseres Lebens ansehen. Mit ihm einigen wir uns im Allgemeinen darauf, dass wir einander treu sind. Das wird nicht immer ausgesprochen, aber stillschweigend gehen beide davon aus, dass sie sich zur Treue verpflichtet fühlen.

Wenn man in dieser Weise die Treue ernst nimmt und genaue Grenzen zieht, wo beginnt dann die Untreue? Das ging mir durch den Kopf, als ich mich kürzlich mit einem Priester unterhielt. Er vertrat vehement die Meinung, bereits Untreuefantasien seien eine Sünde. Nun war schon Sigmund Freud der Überzeugung, dass jeder Mensch gelegentlich Untreuefantasien habe. Diese Fantasien sind meist harmlos. Sie werden allerdings stärker, wenn es in der Partnerschaft kriselt. Dann zeigt sich, ob man die Fähigkeit zur Treue hat. Deshalb schätzt auch Fontane in einem seiner Romane die »Werktagstreue« nur gering ein. Er lässt die junge Melanie sagen: »Es ist eben nicht viel, treu zu sein, wo man liebt und wo die Sonne scheint und das Leben bequem geht und kein Opfer erfordert. Nein, nein, die bloße Treue tut es nicht. Aber die bewährte Treue, *die* tut es.« Obgleich ihr Geliebter vor dem finanziellen Ruin steht, bleibt sie deshalb bei ihm.[1]

Sich immer wieder für den Partner entscheiden

»Die Treue mag wichtig sein, aber ist Treue nicht langweilig?« Diese Frage wurde kürzlich bei einer Abendeinladung aufgeworfen. Schließlich bezeichnen manche Spötter die Treue auch als die Weltanschauung der Gehemmten. Oscar Wilde war sogar der Meinung, treue Menschen seien oberflächlich. Und natürlich sind viele Menschen nur deshalb nicht untreu, weil ihnen Mut und Gelegenheiten dazu fehlen. Wer als Angestellter immer eine feste Arbeitszeit hat, wird über weniger Möglichkeiten zur Untreue verfügen als ein Künstler, der ständig umherreist. Zudem setzt Untreue wohl auch eine gewisse soziale Kompetenz voraus. Deshalb gehören Akademiker aus sozialen

Berufen wie Lehrer, Sozialarbeiter, Ärzte und Psychologen zu jener Gruppe, die am meisten fremdgehen. Sie haben die erforderliche Gesprächsfähigkeit und genügend Geld und freie Zeit, um einen Seitensprung zu begehen. Deutliche Unterschiede gibt es auch zwischen den Bewohnern ländlicher Gebiete und von Großstädten: Wo die soziale Kontrolle geringer ist und die Möglichkeiten größer sind, nimmt die Untreue gravierend zu.

Oft ist also die Treue das Ergebnis einer sozialen Kontrolle und einer großen Lebensangst. Deshalb dürfen wir die wirkliche Treue nicht auf die Tatsache beschränken, dass man beim Partner bleibt. Es ist falsch, wenn man sie darauf reduziert, dass man keinen Seitensprung begeht. Vielmehr besteht die positive Treue darin, dass man sich immer wieder neu für den Partner entscheidet und davon überzeugt ist – trotz aller Schwierigkeiten und Krisen –, mit ihm die beste Wahl getroffen zu haben. Ohne diese Liebe ist eine Treue kaum sinnvoll, und Stendhal vertrat deshalb die Überzeugung: »Wenn man liebt, schmeckt einem kein anderes Wasser als das der heißgeliebten Quelle. Treue ist also eine ganz natürliche Sache. In einer Ehe ohne Liebe wird das Wasser dieser Quelle spätestens in zwei Jahren bitter.«[2]

Die sexuelle Untreue

Denken Sie auch beim Thema Treue sofort an sexuelle Untreue? Das ist verständlich, weil die meisten Menschen den Seitensprung des Partners als besonders verletzend erleben. »Wer sich körperlich mit seinem Partner gut versteht und bisher glücklich fühlte, muss wünschen, dass wenigstens diese intimste, persönlichste und ekstatischste Form der Verbundenheit ausgespart bleibt. Die in aufgeklärten Kreisen häufig zu hörende Äußerung, es komme auf die Intensität der Beziehung und nicht auf den eigentlichen sexuellen Vollzug an, die Untreue könne sogar größer sein, wenn es sich ›nur‹ um eine emotionale Bindung handelt, ist mit Vorsicht zu genießen. Im Falle sexueller Schwierigkeiten *in* der Ehe ist die narzissti-

28

sche Kränkung vielleicht noch größer: ›Mit mir klappt es nicht, aber draußen, natürlich, da geht es plötzlich …‹«[3]

Der Betrogene leidet fast immer darunter, dass sich ihm Fantasien aufdrängen, wie sie mit ihm im Bett liegt und dann … »Sobald ich ein wenig zur Ruhe kam, überfielen mich diese Bilder. Wie er sie küsste … Ich stellte mir immer vor, wie er sie genauso liebevoll entkleidete, wie er das früher mit mir getan hatte. Und sie dann am Ohrläppchen küsste und tiefer … Dieses Ferkel … Männer sind ja so einfallslos. Er wird sie mit seinen schönen Händen liebkosen, überall küssen … Ich könnte dann immer weinen und mich übergeben. Mit meinem Mann kann ich nicht mehr schlafen. Erst ist er bei ihr, dann bei mir … das geht nicht«, so beschrieb eine 32-jährige Angestellte, deren Mann fremdging, als sie schwanger war, ihre Gefühle.

Die seelisch-geistige Untreue

Obgleich die sexuelle Untreue besonders kränkend sein kann, dürfen wir nicht übersehen, dass es viele andere Formen der Untreue gibt. Sehr verbreitet ist vor allem die seelisch-geistige Untreue. Meist geht ihr eine starke Entfremdung in der Liebesbeziehung voraus, woraufhin sich ein Partner dann so stark einem anderen Menschen zuwendet, dass ihm dieser schließlich mehr bedeutet als der eigene Mann bzw. die eigene Frau. Dies kann so weit gehen, dass man mit der Ehefrau im Bett liegt und an eine andere Frau denkt, mit der man eine platonisch-leidenschaftliche Beziehung unterhält. Arthur Schnitzler schildert in seinem Stück »Reigen« eine Szene, in der ein äußerst eifersüchtiger Mann mit seiner Freundin im Bett liegt und sie während des Sexualaktes fragt: »Mit wem betrügst du mich jetzt?«

Das grundlegende Problem der seelisch-geistigen Untreue besteht darin, dass man sich innerlich aus einer Beziehung herauszieht, die Konfliktpunkte nicht mehr als so belastend empfindet und oft nur noch körperlich anwesend ist. Man

»beamt« sich aus einer Partnerschaft heraus. Das geht eine Zeitlang. Doch dann wird der Abstand zu groß. Nun muss man handeln und die Konflikte in der Partnerschaft ansprechen. Doch darin ist man so ungeübt und gleichzeitig hat man sich innerlich schon dermaßen weit entfernt, dass diese Gespräche fast immer scheitern. Ein guter Freund von mir, der dies kürzlich erlebte, erinnert sich: »Meine Partnerschaft war damals recht eingetrübt. Ich fühlte mich nicht mehr geliebt, umworben. Da lernte ich beim Sport eine Frau kennen, die mir viel Anerkennung gab. Wir verstanden uns wunderbar, doch es gab nie Erotik, wir schliefen nie miteinander. Ich verhielt mich körperlich korrekt, aber meine Seele ging fremd. Ich dachte immer nur an sie. Nach einigen Monaten hielt ich das nicht mehr aus. Mir war klar geworden, dass sich entweder die Partnerschaft verbessern musste ... oder ich hätte mich für die andere entscheiden müssen. Allerdings war ich längst ungeübt darin, mit meiner Partnerin zu reden. Ich konfrontierte sie mit einem Drei-Punkte-Programm – sie reagierte bockig, lehnte ab und die 13-jährige Beziehung war zu Ende.«

Wenn Männer ihre Arbeit lieben

Besteht nicht der Kern der Untreue darin, dass man sich zurückzieht? Man lebt dann in einer anderen Welt: Das kann eine erotische Beziehung sein, aber es kann sich auch um die gemeinsamen Interessen handeln, die uns fesseln. Deshalb war auch eine Kollegin monatelang sehr eifersüchtig, weil sich ihr Mann immer mehr zurückzog. Sie hatte den Verdacht, dass er ihr untreu sein könnte. Und dann stellte sich heraus, dass er heimlich seine Autobiografie begonnen hatte, die er als seine ›Geliebte‹ bezeichnete. Was hier fast komisch begann, ist in vielen Beziehungen bittere Realität. Denn es gibt vor allem für Männer viele Möglichkeiten, die Energie aus einer Beziehung herauszuziehen und sich von der Partnerin zu distanzieren. Die Männer stürzen sich dann in den Beruf, kommen sehr spät aus dem Büro und handeln sich den

Vorwurf ihrer Frau ein, sie seien mit der Firma verheiratet. Oder sie legen sich ein aufwändiges Hobby zu und sind ständig dabei, an ihrem Auto zu werkeln. Und viele Männer kommunizieren abends mehr mit dem Computer als mit ihrer Ehefrau. Meist fängt diese Vernachlässigung mit Kleinigkeiten an. Honoré de Balzac schreibt in einem Roman, dass die nette Pauline ihrem Raphael die Zeitung entwendet und meint: »Ich bin auf die Zeitung eifersüchtig … das ist doch ein Verrat … in meiner Gegenwart russische Proklamationen zu lesen und die Prosa des Kaisers Nikolaus den Worten und Blicken der Liebe vorzuziehen.«[4] Bekannt ist auch, dass der Dichter Heinrich Heine so eifersüchtig auf den Papagei seiner Frau war, dass er ihn schließlich umbrachte.

Nicht selten empfinden Frauen auch die Ehrgeizziele des Mannes als Untreue. Friedrich Nietzsche stellte einmal fest, Frauen wollten ohne Nebenbuhlerinnen geliebt werden und würden dem Mann alle Ehrgeizziele verargen – falls sie davon nicht profitieren würden.[5] Doch wenn ein Mann sich die Wissenschaft zur Geliebten nimmt, ist dies für eine Frau immer schwierig. Mit einer Frau kann sie konkurrieren, sich vergleichen und kämpfen. Aber wie kann sie gegen die Wissenschaft bestehen? Diese Frage behandelt Honoré de Balzac in seinem Roman »Der Alchimist«. Er beschreibt die Eifersucht einer Frau, deren Mann sich immer mehr in die Wissenschaft zurückgezogen hatte, nachdem ein Kind auf die Welt gekommen war. »Die Qualen der Eifersucht zehrten an ihrem Herzen und erneuerten ihre Liebe. Aber was ließ sich gegen die Wissenschaft tun? Wie sollte man ihre immerwährende tyrannische und stets wachsende Macht brechen? Wie eine unsichtbare Rivalin töten? Wie kann eine Frau, deren Macht durch die Natur begrenzt ist, gegen eine Idee kämpfen, die unbegrenzte Freuden gewährt und immer neue Reize besitzt? … ein Kampf von Frau zu Frau lässt der, die mehr liebt, den Vorteil, besser zu lieben. Ihr Kummer aber beruhte auf einer Machtlosigkeit, die alle Gefühle demütigte, die einem helfen weiterzuleben.«[6]

Es ist manchmal offenbar schwierig zu entscheiden, was Untreue ist und wie man Treue definieren kann. Aber gibt es nicht auch Situationen, in denen wir es ganz klar wissen? – Vor einiger Zeit kam zu mir eine Patientin, die unter einer lebensgefährlichen Erkrankung litt. Sie wusste, dass sie wahrscheinlich in einiger Zeit im Rollstuhl sitzen würde. Mit stockender Stimme berichtete sie, dass ihr Mann sie verlassen habe, als die Krankheit ausgebrochen sei: Offenbar gibt es auch eine Treue, die sich erst in Krisenzeiten erweist. Das wurde mir besonders deutlich, als ich die Autobiografie von Marcel Reich-Ranicki las, der seit über 60 Jahren verheiratet ist. Er berichtet in seinen Lebenserinnerungen, dass er vor langer Zeit eine Liebesbeziehung mit einer jungen Psychologin hatte, was natürlich die Ehe sehr belastete. Doch eine Gefährdung für die Ehe sei dies nicht gewesen. Denn was die Beziehung zwischen Marcel und Tosia Reich-Ranicki verband, war mehr als die übliche Treue. Beide standen immer wieder mit dem Leben für den anderen ein. Er rettete sie im Warschauer Ghetto vor dem drohenden Abtransport in das KZ, und Tosia schlug das Angebot einer Verwandten, sie aus dem Ghetto zu bringen, aus – sie wollte bei Marcel bleiben, den sie inzwischen geheiratet hatte. Dass man sein Leben für den anderen einsetzt und trotz Hunger, Not und Gefahr immer wieder Stunden des Liebesglücks findet, das schmiedete beide zusammen. Nach dem Krieg wurde Marcel in Polen inhaftiert, seiner Frau legte man nahe, sich von ihm zu trennen. Sie lehnte dies ab, erlitt aber danach einen Nervenzusammenbruch. Schließlich gingen sie zusammen nach Deutschland, wo Reich-Ranicki als Literaturkritiker bekannt wurde. Das Leben von Reich-Ranicki zeigt, dass es manchmal eine Verbundenheit, ein Einstehen füreinander gibt, das weit über die sexuelle Treue hinausgeht.

In meinen Interviews betonten 85 Prozent der Befragten, für sie beginne die Untreue mit einem Kuss auf den Mund. Für 90 Prozent beginnt die Untreue bei heimlichen SMS-Botschaften. Doch einige meinten, die Untreue könne sich bereits bei zarten Berührungen und einem langen, tiefen Blick ergeben. »Es gibt so einen Jagd-Blick, den haben alle Männer«, sagte ein Berufsschullehrer, als wir im Freundeskreis über Treue sprachen. Und er meinte: »Männer sind nie treu, das liegt an der Steinzeit. Männer waren immer Jäger, sie sind hormongesteuert. Sie sind immer nur wenige Jahre treu, in dieser Zeit können sie die Kinder aufziehen.« Tatsächlich lässt die Zauberkraft der Liebe schon nach zwei Jahren nach, dann steigt die Untreuebereitschaft. Und die Evolutionsbiologen behaupten, dass dies wichtig sei, damit die männlichen Gene möglichst weit gestreut würden. Die besseren Gene könnten sich dann durchsetzen. Das sei auch im Interesse der Frauen, die sich kräftige Gene angeln wollten. Eine lebenslange Treue wäre also für die Menschheit nicht sinnvoll gewesen.

Selbst im Tierreich gilt das Prinzip Untreue. Man hat festgestellt, dass 30 Prozent der Kohlmeisen und 65 Prozent der australischen Zaunkönige ihre Männchen betrügen. Die nichtsahnenden Vogelväter betreuen dann fremden Nachwuchs. Nur 3 Prozent aller Säugetiere sind monogam. Ansonsten gilt im Naturreich die Untreue und das hat durchaus eine positive Auswirkung. Bemerkenswert ist beispielsweise, dass die Weibchen der Präriehunde einen wesentlich gesünderen Nachwuchs haben, wenn sie mehrere Begatter hatten. Und wenn die Schimpansenweibchen in Hitze sind, werden sie von allen Männchen der Sippe begattet. Warum sollte man also die Untreue nicht als biologische Notwendigkeit ansehen und die moralischen Bedenken überwinden?

»Ist die Untreue nicht Biologie?«, werde ich manchmal gefragt. »Können Männer überhaupt treu sein?« Nun ist völlig klar, dass es beim Thema ›Treue‹ auch biologische Grundlagen gibt. Ein Freund sagte mir: »Wenn ich am Strand spazieren gehe und eine hübsche, leicht bekleidete Frau sehe und automatisch mein ›Held‹ eine aufrechte Position einnimmt, dann ist wohl die Biologie im Spiel.« Natürlich stimmt das. Auch ich musste begreifen, dass die Bedeutung biologischer Prozesse viel größer ist, als wir früher angenommen haben. Noch vor 20 Jahren waren wir Psychologen überzeugt, dass fast alle Eigenschaften das Resultat einer sozialen Prägung sind. Dies führte zu einem großen pädagogischen Optimismus. Demgegenüber haben wir heute viel stärker den Eindruck, vom Schicksal bestimmt zu werden, wir fühlen uns fremdgesteuert und dazu passen auch die Theorien der Gene und der Steinzeit. Diese Theorien haben eine große Anhängerschaft – wohl auch, weil sie sich gut als Entschuldigung für Untreue eignen. Doch wir müssen erkennen, dass die biologische Komponente in uns weitgehend durch soziale und kulturelle Einflüsse überformt ist. Deshalb hat auch Doris Dörrie recht, wenn sie meint: »Wir haben immer noch die Entscheidung über unser Leben. Wir brauchen uns doch nicht komplett nach unserem genetischen Programm zu verhalten.«[7]

Zahlreiche Umfragen zeigen, dass die Untreue nicht in erster Linie die Lust auf ein sexuelles Abenteuer ist. Vielmehr ist das Desinteresse des Partners bei 54 Prozent aller Seitensprünge das Hauptmotiv. Dabei lässt der nüchterne Begriff »Desinteresse« die seelischen Dramen kaum erahnen, die hinter der Untreue stecken. Und die Tragödien der Liebe werden durch die biologischen Erklärungsmodelle völlig verdrängt. Sie sind deshalb so beliebt, weil sie sehr schwierige Probleme auf eine einzige Ursache zurückführen und uns von jeder Verantwortung freisprechen. Das ist zunächst verständlich, denn wir neigen alle dazu, das Leben zu vereinfachen. Deshalb putzen wir die Fenster, wenn wir eine schwierige Arbeit zu erledigen haben. Wir schauen auf das Horoskop, wenn wir den Ehemann nicht verstehen. Und wir glauben, dass wir das schwierige Thema Treue mithilfe biologischer Prozesse erklären können. Doch diese Vereinfachung ist sehr problematisch: Mit einer solchen vorschnellen Antwort werfen wir den Schlüssel zur Lösung des Geheimnisses weg. Dann werden wir nie erklären können, warum es so viele gescheiterte Ehen, so viele enttäuschte Liebeshoffnungen gibt.

Sind wir glücklich?

Sowohl die Treue als auch die Untreue ergeben sich aus den grundlegenden Antworten, die wir auf die Kernfragen der Liebe gefunden haben. Deshalb müssen wir verstehen, wie ein Mensch seine Antworten auf diese Fragen entwickelt hat. Dies setzt voraus, dass wir ein großes Interesse für Seelenprozesse aufbringen und die Geduld eines guten Uhrmachers haben, der oft tagelang die Zahnräder einer Turmuhr studiert, bis er ahnt, warum das Kunstwerk gelegentlich nicht funktioniert. Und wenn wir dann die innere »Mechanik« eines Menschen begriffen haben, müssen wir einschätzen, ob ihn seine Lebensantworten wirklich glücklich machen. Es ist verhängnisvoll, dass wir alle in der Kindheit einen Lebensweg einschlagen, der uns vor allem Sicherheit und ein Maximum an Angstvermeidung ermöglicht. Als Erwachsene sind wir kaum in der Lage zu beurteilen, ob dieser Lebensentwurf geschickt ist, uns wirklich glücklich macht oder revidiert werden sollte. Und genau dies ist mein Anspruch: Ich werde die inneren Prozesse von Menschen verdeutlichen, die treu bzw. untreu sind. Und es wird mir immer um das Lebensglück des Einzelnen gehen. Ich werde versuchen zu beschreiben, welche Lebensmodelle unglücklich machen. Und ich will versuchen aufzuzeigen, wie wir in dem doch sehr kurzen Leben glücklich werden können.

> »Wahre Treue sitzt im Herzen
> und nicht in der Hose!«
> *Julia Roberts*

Sind alle Männer triebgesteuert?

»Männer können nicht treu sein. Man muss ständig auf sie aufpassen«, sagte mir empört eine junge Hausfrau, die von ihrem Mann betrogen wurde. Hat sie Recht? Steckt tatsächlich in jedem Mann ein unbändiger Sexualtrieb? Dann wäre es eine naive Vorstellung, dass Männer treu sein könnten. Es hätte dann gar keinen Sinn, Treue zu predigen oder gar zu fordern. Man würde damit nur erreichen, dass Männer ihre sündhaften Bedürfnisse heimlich ausleben. Die einzige Möglichkeit bestünde dann darin, dass man das sexuelle Interesse der Männer soweit befriedigt, dass ihr Jagdeifer erlahmt. Und mit etwas kontrollierender Eifersucht wäre es vielleicht vorübergehend möglich, dass Männer treu sind.

Die Wucht des Trieblebens

Die Frage nach dem Sexualtrieb lässt sich nur schwer beantworten. Aber vielleicht gehören Sie zu jenen Menschen, die gelegentlich eine Sexualität erleben, die bis zur Ekstase reicht. Dann werden Sie bestätigen, dass die Sexualität eine wunderbare, mächtige Lebenskraft ist. Es gibt kaum etwas, was uns so lebendig macht, so aufregend ist, uns so dermaßen in einen Zustand der Erregung bringt wie die Sexualität. Das sonstige Leben ist oft schwierig, dümpelt mitunter dahin, aber wenn wir mit einem sinnenfrohen Partner »schlafen«, können wir in einen Zustand einer so glücksverheißenden Erotik geraten, dass wir sonst nichts mehr wahrnehmen, nur noch unseren Körper, unsere Lust, unsere Leidenschaft spüren. Ein junger Programmierer erzählte mir einmal: »Ich bin immer etwas schüchtern, etwas reduziert. Aber wenn meine Frau mich richtig küsst, wenn ich sie begehre … beginnt ein Kribbeln und manchmal merke ich, wie mein ganzer Körper durchflutet wird … ich will sie dann, bin völlig erregt, gerate langsam in einen Zustand, wo ich alles vergesse, es ist wie eine Explosion, manchmal schreie ich (leise), es ist zum Lachen, zum Heulen schön, und hinterher bin ich völlig entspannt, erschöpft.«

Diese Schilderung mutet doch eher wie ein kräftiges Triebgeschehen an. Und vielleicht erinnern Sie sich selbst an die Zeiten, als man kaum an etwas anderes denken konnte? Vor allem junge Männer erleben die Welt gleichsam sexualisiert: die zarten Brüste einer Frau, die sich unter ihrer Bluse abzeichnen, ein wohlgeformter Hintern, ja selbst eine erotische Stimme lösen fast automatisch eine Erektion und entsprechende Fantasien aus. Das ist kein Wunsch nach Beziehung, das ist die Wucht des Trieblebens, das sich hier bemerkbar macht.

Die Sexualität als Gespräch der Körper

Die Sexualität ist immer auch ein Triebgeschehen. Aber sind die Männer deshalb wirklich immer auf der Jagd nach Sexualobjekten? Sind sie nicht vielmehr auch auf der Suche nach Anerkennung und sozialen Beziehungen? Es ist doch glücklicherweise eher die Ausnahme, dass Sexualität ohne ein gegenseitiges Einverständnis passiert. Meist redet man vorher miteinander, man flirtet, lernt sich kennen, und das Gespräch wird dann auf der körperlichen Ebene fortgesetzt. Das ist auch die Auffassung des Soziologen Norbert Elias, der die Ausgerichtetheit auf andere als anthropologische Basis beschrieben hat. Er geht davon aus, dass bei allen Menschen ein emotionales Bedürfnis nach Gesellschaft vorliegt. Die Sexualität sei dabei nur die stärkste, demonstrativste Form dieser Sehnsucht. Und auch der amerikanische Sexualtherapeut Da vid Schnarch betont, die Sexualität sei im Wesentlichen ein zwischenmenschliches Geschehen. Das zeigt sich vor allem an der Qualität der Sexualität. Wollen wir im Bett miteinander glücklich sein, müssen wir auch mit den Körpern kommunizieren. Wir müssen uns auf den anderen einstellen und mit Händen, Füßen, Bäuchen, mit dem Mund und den Sexualorganen »reden«. Natürlich kommen hier auch Triebkräfte ins Spiel. Eine gelungene Sexualität ist kein Kindergeburtstag. Oder wie es einmal ein Freund ausdrückte: »Wenn ich wirklich Lust habe, wenn ich enthemmt bin, dann will ich auch das Tier in mir entfesseln.« Das ist sicher wichtig. Die Sexualität ist keine Wohltätigkeitsveranstaltung, es ist entscheidend, dass wir auch lernen, gelegentlich etwas »die Sau rauszulassen« – wie die Jugendlichen es heute ausdrücken. Und dennoch besteht die Basis der Sexualität in einem anregenden »Gespräch«. Wir spüren das Verlangen des Partners, genießen seine Berührungen, küssen ihn, sind erregt durch das Wechselspiel zwischen unseren leidenschaftlichen Zärtlichkeiten und seinen Antworten, die er mit der Zunge, den Fingern, seinem gesamten Körper gibt. Es ist ein Vorgang, der sich zwischen Achtsamkeit und Leidenschaft bewegt. Und insofern ist es ein hochkomplizierter Prozess, den wir im Laufe des Lebens erst erlernen müssen. Wir müssen lernen, ungehemmter zu sein, um die eigenen Bedürfnisse zu erkennen, mitzuteilen und auszuleben. Und wir müssen gleichzeitig in der Lage sein, die Empfindungen und Wünsche des Partners zu erspüren, zu erfragen und darauf einzugehen. Insofern ist unsere Sexualität sehr stark durch die eigene Persönlichkeitsentwicklung überformt. Und in dieser Entwicklung ist in jedem von uns ein Stück Kulturgeschichte enthalten, die wir vor allem bei den Triebbedürfnissen spüren. Wir essen heute auch nicht mehr so wie früher. Wir würden einen Menschen buchstäblich als Schwein bezeichnen, wenn dieser die Nahrung mit schmutzigen Händen in sich hineinstopft, rülpst, furzt, den Wein säuft und sich auf die Schenkel haut. Wir sind eben nicht mehr in der Steinzeit, erschlagen die Frauen nicht mit einer Keule, schleppen sie nicht in die Höhle, um uns dann ihres Körpers zu bemächtigen. Das war eine reine Triebabfuhr und sicher auch der Wunsch nach Macht; Frauen waren in diesen Momenten Sexual-Objekte. Dies hat sich glücklicherweise im Laufe von Jahrhunderten geändert, wir haben heutzutage den Anspruch, dass die Sexualität – zumindest in den westlichen Kulturen – mit Liebe vollzogen werden sollte.

Auch der österreichische Verhaltensforscher Eibl-Eibesfeldt ist der Ansicht, dass grundsätzlich die Sexualität im Dienste der Partnerbindung steht, weil nur so eine individualisierte Bindung möglich sei. Flüchtige Beziehungen mit ständig wechselnden Partnern seien höchstens in einer vorübergehenden Phase jugendlichen Suchens und Experimentierens als natürlich anzusehen, aber nicht als Dauerhaltung. Sich verlieben würde bedeuten, dass man mit einem ganz bestimmten Partner ein enges Band knüpft. Und so kommt er zu der Einschätzung, wir seien »in diesem Sinne für Dauerpartnerschaften ehelicher Art gewissermaßen disponiert«.[8]

Die Erforschung der Sexualität

Offenbar gibt es wichtige Hinweise dafür, dass die Sexualität nicht nur Biologie ist, sondern uns anerzogen wird. Anders ausgedrückt: Sie ist ein Beziehungsgeschehen. Doch solche Erkenntnisse dürfen nicht darüber hinwegtäuschen, dass für uns alle die Sexualität ein Rätsel ist, denn ihre Erforschung steckt noch immer in den Kinderschuhen. Erst nach dem Zweiten Weltkrieg begannen vor allem Kinsey sowie Masters und Johnson, die Sexualität naturwissenschaftlich zu analysieren. Mit Interviews und vielen Apparaturen versuchte man, die Sexualität zu erkunden. In der Wissenschaft kannte man kaum noch Tabus. So wurden Frauen aufgefordert zu masturbieren, und man stellte künstliche Penisse her, die durchsichtig waren, so dass man eine kleine Kamera anbringen konnte, die alle Vorgänge im Körperinneren aufzeichneten. Doch die

Ergebnisse haben das Mysterium der Sexualität kaum erhellen können. Zwar wissen wir mittlerweile viel über die biologischen Grundlagen der Sexualität, aber es ist fraglich, ob wir damit ihrem Geheimnis wirklich nahegekommen sind. Das eigentliche Wunder der Sexualität vollzieht sich möglicherweise nicht in den erogenen Zonen, sondern im Kopf. Es sind unsere Fantasien, Gedanken und inneren Einstellungen, die jene erregende Spannung bewirken. Doch um diese Prozesse zu begreifen müssen wir einen Menschen wirklich kennenlernen, dessen Welt verstehen, wir müssen uns für ihn interessieren, und das ist meist schwieriger als die Interpretation von Hirnströmen und Erregungskurven.

Wie langweilig Sex ohne menschliche Begegnung sein kann, erfuhr ich eindrucksvoll als junger Psychologiestudent. Damals war ich mit Kommilitonen einmal in einem Sexkino, das für seine tabulosen Filme bekannt war. Nach einer halben Stunde ging ich hinaus, denn die Sexualität der ständigen »Liegestütze«, das monotone Gestöhne gingen mir auf die Nerven. Doch die französischen Filme rührten mich an: Da sitzt ein etwas schüchterner junger Mann am Strand – mit einer mädchenhaften Frau. Sie unterhalten sich über das Wetter, Fremdsprachen, Lebensperspektiven. Deutlich spürt man den Wunsch, die Begierde, aber auch die Hemmung, sich näherzukommen. Die Spannung steigt ins Unerträgliche, als endlich die Sonne untergeht und sich langsam die Finger der beiden berühren. Das ist Erotik. Nun mag es Männer geben, die manchmal ganz andere sexuelle Fantasien haben. »Sex ohne Beziehung« – so könnte man die Wünsche vieler Männer beschreiben. Sie sehen im Zug eine attraktive Frau und würden sie gern in ein leeres Abteil zerren und dann … In einer Studie wurde 1990 über männliche Fantasien festgestellt, dass »Sex als reine Lust und körperliche Befriedigung angesehen wird, ohne belastende Beziehungen, emotionale Verwicklungen oder komplizierte Handlungsverläufe, ohne Umwerben, ohne Flirts und ausgedehntes Vorspiel«.[9] Aber in der

Wirklichkeit passiert das doch sehr selten und es wäre auf Dauer auch kaum befriedigend. Jedenfalls berichtete mir ein Freund, der früher sehr lebenshungrig war, er habe mit dem anonymen Sex aufgehört: »Ich dachte immer, es würde mir Spaß machen. Ich mag Frauen, ich mag Körperkontakt, ich liebe Sex … Aber neulich bin ich am nächsten Morgen neben einer nackten Frau aufgewacht und habe sie gefragt, wie sie mit Vornamen heißt. Und da habe ich mich so einsam gefühlt, dass ich wusste, damit hörst du auf.«

Der letzte Tango von Paris

Sind Sie nicht auch der Meinung, dass Erotik erst dann entsteht, wenn man sich anschaut, miteinander spricht, wenn etwas Beziehung entsteht? Sicher träumen wir manchmal vom bindungslosen Sex. Vielleicht hoffen wir, dass wir bei einem solchen anonymen Sex unsere Hemmungen besser überwinden können. Aber es bleibt fast immer bei Fantasien. Und meist entspricht es einem gestörten Gefühlsleben, wenn wir tatsächlich regelmäßig anonymen Sex praktizieren. Das ist auch das Thema des berühmten Films »Der letzte Tango von Paris«: Eine junge, sehr hübsche Frau und ein nicht mehr so junger Mann treffen sich in einer Wohnung, haben immer wieder leidenschaftlichen Sex miteinander. Sie verliebt sich in ihn, doch er will nur den anonymen Sex, er will mit ihr vögeln, es wie die Tiere tun, will sie nicht kennenlernen, will nicht wissen, wie sie heißt, wer sie ist. Doch eines erzählt er ihr doch: Sein Vater war ein wüster Säufer, ein Hurenbock, und auch seine Mutter hatte gesoffen, und wenn er aus der Schule nach Hause kam, war sie oft weg – im Gefängnis. Sie jedoch erinnert sich gern an ihre Kindheit und Paul beginnt über sein Leben, über seine Einsamkeit zu weinen. Aber lieben kann er nicht, er vergewaltigt sie, sie will daraufhin die Beziehung beenden, er verfolgt sie, sie erschießt ihn.

Der Gelegenheitssex

Wir können die Sexualität fast immer nur dann genießen, wenn es auch eine Berührung der Seelen gibt. Nur Menschen mit einer extrem großen Angst vor Bindung streben die anonyme Sexualität an. Dabei wissen wir, dass die gesamte Sexualität sehr von unseren frühen Lebenserfahrungen bestimmt wird. Umfangreiche Studien haben gezeigt, dass Menschen mit einer unsicheren Bindung (vor allem durch die Eltern) auch eine erheblich größere Neigung zum Gelegenheitssex, zur Sexualität ohne Liebe aufweisen.[10]

Allerdings habe ich in zahllosen Interviews festgestellt, dass auch einem solchen »Quicki« fast immer ein Gespräch, eine Beziehung vorausgeht. Man lernt sich etwas kennen, wird vertraut, und erst dann macht die Sexualität Spaß. Eine 37-jährige Lehrerin berichtete mir eine solche erotische Begegnung: »Ich sah ihn im Urlaub am Strand. Ich wollte schwimmen gehen, kannte die Gegend nicht richtig, fragte ihn nach den Strömungen und er war mir sofort sympathisch … Und es stellte sich heraus, dass er auch Deutschland kannte, wir redeten über Bücher, über Gott und die Welt, und dann ging die Sonne unter, wir tranken etwas Wein und liebten uns … Ach, es war schön, er war sinnlich, kraftvoll, es war einfach schön. Und am nächsten Tag reiste ich dann weiter.«

Jetzt werden Skeptiker darauf hinweisen, dass immerhin 18 Prozent der deutschen Männer zu einer Prostituierten gehen. Doch selbst hier zeigt sich ein Bindungsverhalten. Fast zwei Drittel aller Freier suchen eine Prostituierte regelmäßig auf, bis zu 50 Mal gehen sie zur gleichen Frau. Sie bleiben gewissermaßen dieser Frau treu, stellen eine Bindung her und fragen sie hinterher, ob sie gut gewesen seien. 37 Prozent äußern, dass sie gern eine Beziehung mit ihr hätten, fast 30 Prozent könnten sich vorstellen, sie zu heiraten. Ein Mann gab bei einer Studie sogar an, dass er 30 Jahre lang bei der gleichen Prostituierten war. Bereits diese Kundentreue zeigt, dass die meisten Männer nicht auf den schnellen Sex aus sind. Sie suchen dort Abwechslung (»Meine Frau will keinen Oralverkehr«), oder mit dem Sex klappt es zu Hause nicht. Oder es sind Männer, die woanders keine Chance (mehr) haben.

Irrtum 1: Vertrauen zerstört den Sex

Die meisten Menschen wollen Sex nur dann haben, wenn sie auch lieben und dem anderen vertrauen können. Sie suchen die umfängliche Nähe, zu der selbstverständlich auch die Sexualität gehört. Doch gerade dies ist nach der Auffassung etlicher Paartherapeuten ein Problem. Vertrauen und Leidenschaft könne es nach ihrer Überzeugung im Alltag der Liebe nicht zusammen geben. Wer vertraut zusammen lebt, müsse sich nach einigen Jahren mit einer eher lauwarmen Sexualität und kameradschaftlichen Küssen abfinden. Tatsächlich sind viele Menschen überzeugt, dass sich die Vertrautheit in langfristigen Beziehungen wie Mehltau über die Erotik legt. Der Dichter Gottfried Benn stellte resigniert fest: »Die Ehe ist eine Institution zur Lähmung des Geschlechtstriebes.«[11] Und Frauen wie die Autorin Erica Jong stimmen dem zu. Sex in der Ehe sei zunehmend langweilig und fade, »wie Schmelzkäse, sättigend, macht dich sogar fett, aber ohne Kitzel für die Geschmacksnerven, ohne bittersüßen Reiz, ohne Gefahr«.[12]

Dem widerspricht der süddeutsche Paartherapeut Hans Jellouschek. Für ihn ist die Vertrautheit eine Voraussetzung dafür, sich in der Sexualität wirklich einzulassen. Und dies erlebe ich auch ständig bei meinen Klienten. Ein 45-jähriger Angestellter schilderte: »Wir haben Jahre gebraucht, um uns sexuell wirklich zu verstehen. Ich weiß noch, wie das erste Mal war. Es war aufregend, dass wir nackt im Bett lagen, aber wir waren völlig verspannt. Schön wurde es erst, als wir uns genauer kannten. Als wir ungehemmter waren, uns auch unsere Wünsche mitteilen konnten. Irgendwann spürte ich, dass ich ihr vertrauen konnte. Auch im Bett. Dass ich Verlangen

zeigen konnte, ihr zeigen durfte, was ich mochte, mich hingeben konnte. Das hat viele Jahre gedauert. Und so richtig
schön wurde es erst, als wir gemeinsam Krisen durchgestan-
den haben. Ich weiß noch genau, wie das damals war: Ich war
sehr krank, sie stand mir bei. Das war danach eine tiefe Verbundenheit, wir schliefen miteinander und ich dachte:
Danke, ich liebe dich, du bist meine Liebe, und dann hatten
wir eine so leidenschaftliche Sexualität, dass die Götter im
Himmel davon wach wurden.«

Wenn die Sexualität in die Jahre kommt

Allerdings zeigen alle Untersuchungen, dass die Entwicklung der Sexualität in den Langzeitpartnerschaften extrem
unterschiedlich verläuft. Bei den meisten Paaren kommt es
zwar zu einem Rückgang der Sexualität, aber viele Paare genießen dann den Sex mehr als in den Anfangsjahren. Vor allem Frauen bestätigen, dass sie erst nach vielen Jahren gelernt hätten, sich im Bett »fallen zu lassen«, was sie in erster
Linie auf das größere Vertrauen zurückführen. Erst allmählich sind sie in der Lage ihre Hemmungen zu überwinden,
können die sexuelle Initiative ergreifen und kommen regel-
mäßiger zum Orgasmus.

Wir sehen, dass es durchaus viele Paare gibt, bei denen das
zunehmende Vertrauen zu einer besseren Sexualität führt.
Bei anderen Paaren erlahmt aber die Sexualität und erwacht
erst bei einem neuen Partner wieder. Evolutionsbiologen ver-
sichern nun, dass dies im gesamten Tierreich der Fall sei. Ein
neuer (tierischer) Sexualpartner würde dann den Sex wieder
anheizen. Man bezeichnet dies als Coolidge-Effekt – so be-
nannt nach einem amerikanischen Präsidenten, der einmal
eine Farm besuchte. Zufällig beobachtete seine Frau einen
Hahn, der gerade ein Huhn bestieg. Man klärte sie auf, dass
der Hahn dazu zwölfmal am Tag in der Lage sei, und sie bat,
dies ihrem Mann auszurichten. Dieser entgegnete lakonisch:

»Immer mit der gleichen Henne?« Nun sind Ehen kein Hühnerstall und es gibt Paare, die schon mehr als zehn Jahre zusammenleben und trotzdem eine gute Sexualität haben. Aber offensichtlich gibt es Sexkiller, die zum Erliegen der Sexualität führen können.

Irrtum 2: Zu große Nähe ist ein Sexkiller

Wir haben gesehen, dass das zunehmende Vertrauen zu einer gesteigerten Sexualität führen kann. Doch wie ist es dann zu erklären, dass jeder Dritte in einer festen Beziehung mit dem Liebesleben unzufrieden ist. Als Risikofaktor für eine lebendige Erotik wird von etlichen Paartherapeuten eine zu große Nähe angesehen. Sie sind der Auffassung, dass das gegenseitige Begehren die »Gier« voraussetze. Und sie fragen, woher denn die Gier kommen solle, wenn man ständig zusammen sei? Die Leidenschaft würde das Fremde voraussetzen und würde deshalb in einer engen Beziehung allmählich versiegen. Tatsächlich haben Partner, die nicht zusammenwohnen, mehr Sex. Aber das Zusammenwohnen kann sich vor allem für Männer positiv auf den Orgasmus auswirken – stellt der Kondomhersteller Durex in einer Studie fest. Doch unbestreitbar ist, dass man sich auf eine Verringerung der Sexualität einstellen muss, wenn man zusammenzieht oder heiratet. Aber was ist der Grund für dieses Phänomen? Ist wirklich die Nähe der Dämpfer der Sexualität? Natürlich stimmt es, dass es für die Erotik außerordentlich wichtig ist, dass die Beziehung lebendig bleibt. Dazu brauchen wir immer wieder das Neue, das Fremde. Doch das muss zu der Frage führen, ob wir im eigenen Leben lebendig bleiben, ob wir uns in einem Prozess des Wandels befinden, so dass der Partner immer wieder neue Eigenschaften an uns betrachten kann. Oft ist es doch in unserem Leben so wie bei Bertolt Brechts berühmter Figur Herr Keuner, der erbleicht, als man ihm sagt, er habe sich überhaupt nicht verändert.

Für Kinder ist das Leben noch ein Abenteuer, kein Tag gleicht dem anderen. Sie haben aufregende Ziele, es gibt viel zu entdecken. Doch mit 40 Jahren ist das Leben für die meisten Menschen vor allem Routine. Das liegt einerseits an den Pflichten wie Beruf, Haushalt und Kindererziehung. Aber meist haben wir auch resigniert, sind erschöpft und haben nicht mehr den Mut, die großen Ideale zu verwirklichen, die uns als Jugendliche beschäftigten. Wir müssen uns also um die eigene Lebendigkeit kümmern, wenn die erotische Spannung sinkt. Und wir müssen uns fragen, ob wir gemeinsam genügend interessante Dinge erleben. Viele Partnerschaften werden vom Stress erdrückt, der Alltag liegt dann wie eine Betonplatte auf der Beziehung. Sich hier Freiräume zu schaffen ist gerade für Eltern sehr wichtig.

Die Emotionsdämpfer

Liegt das Abnehmen der erotischen Spannung statt an zu viel Nähe nicht im Gegenteil daran, dass zu wenig Nähe vorhanden ist? Denn im Laufe von Jahren kommt es zu vielen kleinen Verletzungen, zu Enttäuschungen, man versteht einander nicht, kann nicht mehr verzeihen, auf den anderen zugehen. Dann entstehen Emotionsdämpfer, wie es Peter Schellenbaum einmal genannt hat: »Es entwickeln sich Regelkreise von Dämpfung und Unterdrückung; eine ängstliche Rücksichtnahme bestimmt das gemeinsame Leben.« Weil keine Affekte mehr ausgelebt werden, wird es auch im Bett langweilig. »Menschliche Emotionalität ist ein Ganzes; wird sie an einem Ende gekappt, dann sind bei ihr alle Ausgänge verbarrikadiert, wie bei einer mittelalterlichen Stadt abends nicht nur ein Tor, sondern alle geschlossen wurden.«[13]

Wenn in einer Partnerschaft die Sexualität erloschen ist, habe ich oft den Eindruck, dass die gesamte Nähe erstorben ist. Man redet nicht mehr richtig miteinander und kommt sich dann auch nicht mehr körperlich nahe. Beobachten Sie nicht auch manchmal im Restaurant oder im Zug Ehepaare, die nicht mehr miteinander sprechen? Eine frostige Stimmung breitet sich aus. Man tauscht sich nur noch über das Notwendigste aus: Wer macht den Einkauf und wann kommt die Putzfrau. Über die wichtigen Dinge wird geschwiegen. Wie soll dann Sexualität möglich sein?

Sicher ist es immer eine Gefahr, wenn man räumlich zusammenlebt oder verheiratet ist. Man glaubt dann, dass man den anderen »hat« und sich nicht mehr bemühen muss. Und oft gibt es so viel im Leben zu bewältigen, dass die Bemühungen um den Partner automatisch nachlassen. Es mag zutreffen, dass man sich mehr um den Partner bemüht, wenn man nicht zusammenwohnt, und diese Aufmerksamkeit wirkt sich natürlich steigernd auf die Sexualität aus.

Irrtum 3: Der Sex ist weg, das ist normal!

Ich bin fest davon überzeugt, dass die Sexualität in einer Langzeitbeziehung nicht abnehmen muss. Aber es ist trotzdem eine Tatsache, dass die Sexualität im Laufe der meisten Partnerschaften sehr zurückgeht. Am Anfang schläft man durchschnittlich zweieinhalb- bis dreimal in der Woche miteinander, das sinkt dann gegen Ende des ersten Jahres auf knapp zweimal und pegelt sich in längeren Partnerschaften bei etwa einmal in der Woche ein. Viele Paare haben dann einen festen Termin. Wochentags hat man meist keine Zeit und Kraft, aber am Sonntagmorgen kommt man sich körperlich nahe. Doch eines fällt auf: In einer Ehe hat man in jeder Phase immer noch doppelt so viel Sexualität wie Singles. Eine Untersuchung des Sexualwissenschaftlers Gunter Schmidt ergab, dass selbst 60 Jahre alte Partner sexuell aktiver sind als 30-jährige Singles. Drei Viertel aller Deutschen – so eine neuere Umfrage – lieben sich mindestens einmal in der Woche, wobei der gesamte Sexualakt durchschnittlich 36 Minuten dauert. Das klingt doch nicht so schlecht? Aber es ist auch klar, dass in vielen Beziehungen die Sexualität nach einigen

Jahren eher ruhig verläuft. Man empfindet nicht das Prickeln der ersten Jahre, man ist nicht aufgeregt, fast gierig nach dem anderen. Doch es ist ja nicht nur die Sexualität, das gesamte Leben ist ruhiger geworden, man ist aufeinander eingespielt. Die Unruhe der ersten Begegnungen, die innere Nervosität der ersten Wochen wäre auf Dauer auch nicht zu ertragen. Deshalb ist es normal, wenn auch die Sexualität weniger spannend verläuft. Dabei gibt es keine Quote für »normale« Sexualität. Aber ist es normal, wenn der Sex nur noch Ostern und Weihnachten stattfindet? Müssen wir uns damit abfinden, dass die Sexualität verloren geht? Hat der Paarberater Michael Mary recht, wenn er meint: »Der Rückgang von Leidenschaft bis hin zum Erliegen der Sexualität sollte als völlig normal angesehen werden«?[14] Er hält deshalb den Seitensprung für ein übliches Lebensrisiko, wenn man sich auf eine längere Partnerschaft einlässt. Das klingt modern und nüchtern, aber durch einen Seitensprung wird ein Prozess der Entfremdung beschleunigt, und die damit verbundenen vielen kleinen Verletzungen, die wir uns kaum eingestehen, sind meistens der Anfang vom Ende.

Die Sexualität ist zwar nicht die Grundlage einer Partnerschaft. Die Häufigkeit oder Qualität der Sexualität sagt nicht unbedingt etwas über die Qualität der Beziehung aus. Aber wenn zwei Partner überhaupt keinen Sex mehr miteinander haben, dann ist dies immer ein Warnsignal. Die Sexualität geht ja nicht einfach verloren wie ein Schlüssel, den man eines Tages nicht mehr findet. Irgendwann hatte man keine Lust mehr auf Berührungen, weil man gekränkt und verletzt war, weil man sich nicht verstanden fühlte. Jeder Partner zieht sich dann zunehmend zurück, es beginnen die kleinen Nachlässigkeiten, die seelischen Grausamkeiten, die vielen Enttäuschungen und Verbitterungen. Wenn dieser unsichtbare Zerstörungsprozess wirkt, schwindet auch die Sexualität und es fehlt jener Körperkontakt, der bei zwei Menschen eine Grundübereinstimmung herstellen kann. Wenn man nackt beieinander liegt und sich küsst, spürt man auch ohne Worte, wie eng die Bindung mit dem Partner ist. Man begreift regelrecht, dass man zusammengehört und geliebt wird. Das ist sehr beruhigend und konfliktmildernd. Wenn die erotische Bindung fehlt, ist auch ein seelischer Regulator verloren gegangen, der sonst die Versöhnungsbereitschaft der Paare stärkt.

Irrtum 4: Die Sexualität ist der häufigste Trennungsgrund

Die Sexualität ist nicht das Zentrum der Partnerschaft. Der Cora-Verlag kam in einer Studie zu dem Ergebnis, dass der ideale Mann nicht gut im Bett sein müsse. Nur 5 Prozent aller Frauen suchen sich einen Mann, der sexuell gut drauf ist. Dies ist auch das Ergebnis einer Studie von Jürg Willi. Er untersuchte, was Paare zusammenhält. Zärtlichkeit kam erst an zehnter Stelle, Erotik an zwölfter und erst dann folgte auf Platz 14 die Sexualität. Doch die Sexualität ist immer ein Gradmesser der Nähe in der Liebesbeziehung. Zwar würde ich nicht der Psychologin Ragna Beet von der Universität Göttingen zustimmen, die davon überzeugt ist, dass die Unzufriedenheit in Erotik und Sexualität die Hauptursache für Partnerschaftsprobleme ist. In der sexuellen Distanz wird jedoch der Rückzug beider Partner besonders deutlich. Wenn sie oder er gelegentlich schweigen, wird man dies noch aushalten. Doch wenn sie ihm abends den Rücken zudreht, wochenlang nicht mit ihm schläft, ist dies sicher besonders kränkend. Aber dahinter steckt eine ganze Kette von Ursachen. Insofern ist die These »Sex als Trennungsgrund« zu kurz gedacht. Sie verführt dazu, dass man sich woanders jene Lust holt, die in der Beziehung verweigert wird. In Wirklichkeit ist es die allmähliche Entfremdung, die zur Trennung der Partner führt. Das ist auch das Resultat einer ausführlichen Studie: Sie stellt fest, dass 80 Prozent aller Scheidungen das Ergebnis der allmählichen Entfernung der Ehepartner war.[15]

Irrtum 5: Sexualität als Technik

Vielleicht geht es Ihnen so wie den meisten Paaren, die ich berate. Wenn diese begriffen haben, dass die gestörte Sexualität kein normaler »Betriebsunfall« ist, kommt fast immer die klare Frage: »Und was müssen wir jetzt tun?« Ich zucke dann etwas zusammen, weil man die Sexualität nicht einfach ankurbeln kann. Deshalb sind die üblichen Techniken eher ungeeignet. Es sind hilflose Versuche, die Erotik wieder in Gang zu bringen. So spielen Paare das Kneipen-Spiel (»Oh, ich kenne Sie noch gar nicht, wollen Sie zu mir nach Hause kommen?«). Oder man schaut gemeinsam Pornos, verreist an unbekannte Orte, unternimmt Sexspiele. Andere bringen eine neue Spannung in die Erotik, indem sie sich im Fahrstuhl oder in einer Telefonzelle miteinander vergnügen, wo sie immer damit rechnen können, entdeckt zu werden. Auch der Sex auf dem Hochsitz oder auf einer Wiese zählt zu den beliebten Mitteln, wieder Schwung in die Erotik zu bringen.

Nun ist es sicher so, dass man manchmal die Sexualität vorbereiten und auch inszenieren sollte wie ein großes Fest. Dazu gehört, dass man vorher miteinander spricht, einen guten Wein trinkt und sich tagsüber umwirbt, in die richtige Stimmung kommt, sich gegenseitig auszieht und auf die Wünsche des anderen eingeht. Es ist manchmal aufregend, wenn jeder drei sexuelle Wünsche äußern darf und man die Rituale der Sexualität überwindet. Es ist sehr entlastend, wenn wir spielerisch mit der Sexualität umgehen können. Die meisten sexuellen Probleme bestehen auch darin, dass wir uns zu sehr anstrengen (»Ich muss einen Orgasmus bekommen«) und uns unter Druck setzen. In meiner Praxis sind immer wieder Männer mit Erektionsstörungen und sie sind meist ungemein gekränkt darüber, dass ihnen der wichtigste

Körperteil den Dienst versagt. Erst wenn sie damit entspannter, verständnisvoller und auch spielerischer umgehen, klappt es wieder mit der Sexualität.

Außerdem ist es wichtig, dass Paare immer wieder über ihre Gefühle, Vorlieben und Ängste in der Sexualität sprechen. Es gibt zu denken, dass Frauen – im Unterschied zur Sexualität mit einem Mann – doppelt so oft zum Orgasmus kommen, wenn sie masturbieren. Und man sollte darauf achten, dass es immer wieder »Erholungszeiten« in einer Ehe gibt. Viele Ehepaare erleben, dass sich die Erotik wieder meldet, sobald sie im Urlaub kein Pflichtprogramm mehr haben. Für die Hälfte der Liebespaare gehört deshalb der Urlaub zur schönsten Zeit im Jahr und ein Drittel aller Paare schlafen dann wieder häufiger miteinander.

Das Geheimnis der guten Sexualität liegt nicht in ausgefeilten Techniken und Vorbereitungen. Die Kunst der guten Sexualität ist oft sehr einfach. Es sind nicht irgendwelche Tricks, es ist nicht der Sex vom Kronleuchter. Es ist meist nicht die »tolle Nummer«. Fast immer ist es einfach die Tatsache, dass beide leidenschaftlich und lieb sind. Das bestätigte mir ein 46-jähriger Dozent: »Sie ging auf mich ein, sie streichelte mich an Stellen, an denen ich sehr empfänglich war, ohne dass ich etwas sagte. Sie hatte Antennen für mich, ich hatte den Eindruck: Sie wollte, dass es mir gut geht im Bett. Und hinterher fragte sie mich, hat es dir gefallen? Sie war einfach lieb. Lieb und leidenschaftlich.«

Offenbar ist die Grundlage für die gute Sexualität, dass die Chemie in der Beziehung stimmt. Und dann kann es auch reizvoll sein, über sexuelle Techniken und Spiele zu reden, die das erotische Abenteuer vertiefen. Es ist eben wie bei einem Haus: Man kann viel über Farben, vorspringende Erker und schöne Fenster reden. Aber eins ist klar: Es kommt auf das Fundament an.

Warum geht man fremd?

»Ich möchte wissen, warum mein Mann fremdgeht. Und ich möchte gern wissen, ob das ein einmaliger Ausrutscher war oder ob ich mich darauf einstellen muss, dass er immer wieder untreu ist.« Dieses Anliegen haben fast alle, deren Partner untreu ist. Wir müssen also klären, was einen Seitensprung auslöst. Es ist bereits deutlich geworden: Meist geht es beim Seitensprung nicht um einen schnellen Lustgewinn, auch nicht um ein Triebgeschehen. Vielmehr hängt die Untreue immer mit unserer Lebenseinstellung zusammen. Es liegen immer dramatische innere Konflikte, aber auch Spannungen innerhalb der Partnerschaft vor. Und was wir sehr häufig beobachten können, ist die Tatsache, dass eine nur sehr geringe Bindung an den Partner besteht. Das ist besonders deutlich beim Seitensprung aus Neugierde. Vor allem junge Männer fragen sich oft, wie denn andere Frauen im Bett sind, und sie wollen ausprobieren und vergleichen, bevor sie sich fest binden. Für sie ist es schwierig einer Frau treu zu sein, wenn sie vorher keine anderen sexuellen Erfahrungen sammeln konnten. So beklagte sich einmal ein 22-jähriger Student bei mir, er werde nie wissen, wie es wäre, mit anderen Frauen zu schlafen. Seine Freundin sei sehr eifersüchtig, er wolle sie auch nicht verlassen und sei doch neugierig. Er wolle nur wissen, wie sich das bei anderen Frauen anfühlen würde. Diesen Konflikt konnte ich gut verstehen. Eine sexuelle Neugierde ist normal, wenn wir noch jung oder unerfahren sind. Aber der junge Student suchte einen Weg, um treu zu sein, und so beruhigte ich ihn: »Wenn Sie mit einer Frau sprechen, sie umarmen, ihr die Hand geben und mit ihr tanzen, merken Sie auch so, wie sie im Bett sein würde. Mit etwas Fantasie können Sie sich das ausmalen. Man muss nicht mit vielen Frauen ins Bett gehen, um zu wissen, ob man mit der richtigen Partnerin zusammen ist.« Der Student war daraufhin beruhigt und meinte: »Reden darf ich mit anderen Frauen, tanzen auch, dann kann ich ja meine Neugierde befriedigen, ohne untreu zu sein.«

Es ist meine Lebenserfahrung, dass man im Gespräch Frauen sehr nahe kommen kann, ohne mit ihnen zu schlafen. Man kann ihr Vertrauen erwerben, ihre Ängste spüren, ihre Geheimnisse erfragen. Man könnte dies als eine seelische Nacktheit bezeichnen, weil durch das gegenseitige Verstehen eine große Intimität entsteht. Manche Patientinnen haben mir sogar erklärt, sie würden sich lieber vor einem Mann nackt ausziehen, als wirklich über sich, die eigenen Schwächen und Fantasien zu reden. Ich stimme Edith Piaf nicht zu, die einmal meinte: »Um die Leute kennenzulernen, muss man mit ihnen ins Bett gehen. Über einen Mann weiß man nach einer mit ihm verbrachten Nacht mehr als nach monatelanger Konversation. Im Bett müssen sie Farbe bekennen.«[16]

Die Dauer der Untreue

Jede Untreue beinhaltet immer eine gewisse Neugierde, auch eine gewisse Abenteuerlust. Doch meist entsteht dann doch mehr. Nur 12 Prozent aller Seitensprünge sind One-Night-Stands. Fast alle Seitensprünge dauern einige Wochen, man sieht sich mehrfach. Und 60 Prozent aller Seitensprünge dauern länger als einen Monat. Man trifft sich in längeren Abständen und meist gibt es irgendwann Konflikte: Fast immer fordert die Geliebte mehr Zeit, will sich häufiger treffen oder möchte das Verhältnis in eine wirkliche Partnerschaft umwandeln. Dieses Ansinnen führt jedoch beim Mann häufig dazu, dass er das Verhältnis beendet. Im Gegensatz dazu gehen Frauen eher langfristige Verhältnisse ein, bei ihnen dauern nach meinen Umfragen 40 Prozent der Seitensprünge länger als ein Jahr. Dies ist natürlich sehr aufwändig. Sie müssen dann nicht nur zwei Männer zufrieden stellen. Sie müssen sich jeweils auch regelrechte Geschichten ausdenken, um ihre Abwesenheit zu begründen. Sie brauchen – wie in einem Kriminalfall – ein gutes Alibi. Sie müssen Verschleierungsarbeit leisten und ihre wahren Gefühle verstecken. Das ist auf die Dauer sehr anstrengend. Ein sexuelles Verhältnis mag vielen zwar als aufregend erscheinen, tatsächlich ist es aber sehr zeitraubend. Man kommt zu kaum etwas anderem, es sind kaum noch Energien für andere Liebesziele vorhanden. Insofern ist die Untreue in den meisten Fällen eine Notlösung, sie entsteht erst dann, wenn über Monate und meist Jahre hinweg andere Möglichkeiten der Konfliktlösung versagt haben.

Die Belastung durch die Kinder

Die meisten Partner sind in den ersten Jahren treu. Solange die Liebe noch aufregend ist und sie sich gemocht fühlen, empfinden sie eine starke Bindung. Doch das ändert sich, wenn nach mehreren Jahren eine gewisse Routine einkehrt und größere Probleme auftreten. Vor allem durch Kinder wird aus dem Liebespaar zwangsläufig ein Team, das sich um Windeln, Durchfall, Fieberanfälle und die Ernährung der lieben Kleinen kümmert. Angesichts von Stress und Geschrei bleibt für die Beziehung und die Liebe oft keine Zeit. Insofern sind Kinder – auch wenn wir uns sehr über sie freuen – der Ehekiller Nr. 1. Zahlreiche Untersuchungen zeigen, dass die Streitigkeiten der Eltern in den ersten drei Jahren sehr an Häufigkeit zunehmen. Über 50 Prozent aller Mütter sind nach dem ersten Kinderjahr mit ihren Nerven völlig am Ende, sie stehen sehr unter dem Druck, alles richtig zu machen. Sie fühlen sich oft vom Ehemann zu wenig unterstützt, es kommt zu einer zunehmenden Entfremdung. Zudem hat man selten Zeit füreinander und Zärtlichkeit sowie Sexualität nehmen radikal ab. Plötzlich dümpelt die Ehe dahin, die einst so hoffnungsvoll begann. Sie ist zu einem Arbeitsverhältnis geworden.

Das Problem der Langeweile

Nach heftigen Konflikten und Stürmen entsteht in fast allen Beziehungen nach einigen Jahren eine resignative Ruhe. Die Partnerschaft ist dann von einer emotionalen Gedämpftheit geprägt. Anfänglich hat man Herzklopfen, wenn man sich sieht. Doch nach mehreren Jahren kennt man den anderen genau und ärgert sich eher über Kleinigkeiten. Er wirft immer seine Socken auf den Fußboden, sie drückt die Zahnpastatuben nicht richtig aus. Es kommt zu einer zunehmenden Desillusionierung. Im Allgemeinen herrscht dann in den meisten Ehen eine gewisse Langeweile, die nur durch gelegentliche Feste, den Jahresurlaub und den Besuch der Schwiegereltern unterbrochen wird. Oder es kommen die Kinder und beleben die Ehe. Natürlich kann man in dieser Phase die Beziehung als Aufgabe betrachten und sich vornehmen, ihr wieder ein neues Leben einzuhauchen. Doch dies erfordert viel Ausdauer und Kraft. Dazu ist man vielleicht bereit, wenn die Ehe insgesamt in Ordnung ist. Wenn man noch miteinander reden kann und den Partner gelegentlich als attraktiv empfindet. Doch oft fehlt die Entschlussstärke und auch die Fantasie, aus der langweiligen Beziehung wieder eine leidenschaftliche Ehe zu machen. Man hat sich längst zurückgezogen, nachdem es heftige Konflikte, Enttäuschungen und gegenseitige Verletzungen gegeben hat. Jeder erwartet nun vom anderen, dass er sich bemüht. In dieser Phase der Ehe wirbt man kaum um den anderen und vernachlässigt sich selbst. Doch Liebe bedarf der Bemühung und der Spannung. Es bedarf der außergewöhnlichen Momente, des Lebendigseins. Sonst geht die Substanz in der Partnerschaft verloren und es wird langweilig.

Doch ist Langeweile nicht typisch für unser Leben? Wir sind selten in den Tiefen unserer Seele angerührt. Deshalb suchen wir auch Abenteuer, springen an Gummiseilen von Brücken, üben riskante Sportarten aus und spielen Lotto. Wir möchten gelegentlich Nervenkitzel erleben, und diese Suche nach etwas Aufregung ist durchaus verständlich. Manchmal streitet man sich sogar in der Ehe herum, um wieder etwas Spannung in die Beziehung zu bringen. Denn nichts ist in einer Beziehung so schlimm wie Langeweile. Jugendliche wissen das sehr genau. Jungen dürfen faul und unintelligent sein oder unter Akne leiden. Alle sind früher oder später mit einem Mädchen zusammen. Aber die langweiligen Jungen haben es schwer.

Eine US-Studie kommt zu dem Ergebnis, dass die Langeweile der Ehekiller Nr. 1 sei. Tatsächlich braucht die Liebe immer auch das Außergewöhnliche, die Spannung, die Aufregung. Zur Liebe gehört immer auch eine Inszenierung. Deshalb ist es in einer Partnerschaft so wichtig, dass wir außergewöhnliche und aufregende Situationen herstellen. Frauen schaffen dies oft viel besser als Männer: Sie kochen seine Lieblingsspeise, stellen den Sekt kalt, zünden Kerzen an, fragen den Mann nach seinen Träumen und Fantasien, geben ihm Anerkennung, schaffen eine Atmosphäre des Wohlgefühls … Doch auch Frauen lieben solche Inszenierungen. Einer meiner Freunde fährt mehrfach im Jahr mit seiner Ehefrau auf ein Schloss, verwöhnt sie dort als seine »Prinzessin«. Sie ist eine emanzipierte Frau, aber es gefällt ihr, dass sich dann alles um sie dreht, dass sie in einer romantischen Atmosphäre im Mittelpunkt seiner Aufmerksamkeit steht.

Während die Liebe am Anfang automatisch loderte, müssen wir sie nun pflegen. Wir müssen der Leidenschaft wieder neue Inhalte geben. Sonst versinkt die Liebe in der Routine des Alltags.

Die Explosion der Sinne

Doch was macht man, wenn der Haussegen bereits schief hängt und auch Gespräche und der wöchentliche Blumenstrauß daran nichts ändern? Wenn sich jeder zurückgezogen hat und die Beziehung langweilig geworden ist? Könnte es nicht klug sein, mit Seitensprüngen etwas Schwung ins Leben zu bringen? Ist das Herzklopfen nicht anstrebenswert, das wir bei dem Gedanken empfinden, ob wir sie bzw. ihn rumkriegen? Ein leichter Flirt, eine Annäherung, eine scheinbar zufällige Berührung und als »Rahmenprogramm« ein Gespräch, bei dem ständig kleine Anspielungen eingebaut werden. Schließlich trifft man sich wieder, kommt sich nahe, berührt sich, erste Küsse, die immer leidenschaftlicher werden … Das ist eine Explosion der Sinne, ein Rausch der Leidenschaften, wir fühlen uns wieder lebendig, unendlich lebendig. Warum also darauf verzichten? Und mancher wird sogar das »Versteckspiel« des heimlichen Seitensprungs als Nervenkitzel genießen. Er verfügt über ein Geheimnis, das der andere nicht erfahren darf. Das macht ihn nicht nur stark, das verleiht dem Leben jene Dramatik, die wir sonst nur noch aus Kriminalfilmen kennen. Tatsächlich wird das Leben dann wie eine Bühne, auf der wir Begegnungen inszenieren. Denn sowohl in der Haupt- als auch in der Nebenbeziehung besteht keine »Normalität«: Wir können nirgends rückhaltlos offen sein, uns nicht vollständig hingeben. Wer nähebedürftig und anhänglich ist, wird dies immer als Nachteil empfinden. Doch es gibt auch Menschen, die solche Konstellationen genießen, da sie dadurch immer einen gewissen Abstand zum Beziehungsgeschehen und der Realität des Alltags haben.

Die Desillusionierung

In dieser Phase des Beziehungsalltags wird man vor allem dann zum Seitensprung neigen, wenn man vorher die Liebe überschätzt hat. Dann ist man nicht der Meinung, dass die Liebe eine Aufgabe ist. Vielmehr empfindet man die Langeweile als Versagen des Partners. Eine solche Erwartungshaltung schildert Flaubert in »Madame Bovary«. Er beschreibt eine junge, verwöhnte Frau, die eine große Gabe zur Fantasie hatte. Sie glaubte, die Liebe müsse ganz plötzlich kommen, sozusagen mit Donner und Blitz, wie ein Orkan, der alles mit sich reißt und das Herz in den Abgrund schleudert. Sie hatte einen Landarzt geheiratet, der bei den Patienten sehr beliebt war. Doch zu Hause war er müde und eher langweilig. So wird Emma von der lautlosen Spinne der Langeweile überwältigt und in Liebesabenteuer getrieben, von denen sie sich eine innere Erfüllung erhofft – natürlich vergeblich. Die verwöhnte Tochter eines wohlhabenden Landwirts schafft es nicht, sich neben ihrem Mann ein eigenes Lebensfeld aufzubauen. Und ihr hausbackener Mann bemerkt ihre Unzufriedenheit nicht. Er sieht nicht, dass sie geistige Anregungen braucht, Bücher, Musik. Fast nie geht er mit ihr ins Theater, unternimmt keine Reisen, und so ist es kein Wunder, dass sie sich verliebt. Denn dies ist das einzige Abenteuer, das sie ausfüllt.

Solange wir verliebt sind, gehen wir im Allgemeinen nicht fremd. Die Untreue ist fast immer das Resultat einer Desillusionierung. Dann lockert sich die innere Bindung zum Partner, und durch die Untreue verstärkt sich eine Entfremdung, die dann zum Zusammenbruch der Beziehung führen kann. Anstelle gemeinsamer Beziehungsarbeit entfernt man sich aus der Partnerschaft und gründet eine »Zweigstelle«. Doch dies ist keine rationale Entscheidung, hat auch primär nichts mit Sexualität und Lust zu tun. Vielmehr sind hierbei drei grundlegende Untreuemuster am Werk, auf die ich genauer eingehen werde:

- die Eroberung – damit das Selbstwertgefühl stabil bleibt
- die Angst vor Nähe
- der Ausbruch aus der unglücklichen Ehe

>Der Narzissmus ist die Leitneurose der Gegenwart.«
Gerhard Dammann

Motiv 1: Die Eroberung – damit das Selbstwertgefühl stabil bleibt

»Die Untreue meines Mannes hat mich sehr überrascht. Unsere Ehe war gut, jedenfalls war sie nicht schlecht. Mein Mann hatte einige berufliche Rückschläge zu verkraften, ich wäre gern für ihn da gewesen. Und dann ging er fremd – das hat mich nicht nur gekränkt, das hat mich doch sehr irritiert«, erzählte eine lebenserfahrene Studienrätin. Tatsächlich ist die Untreue aus Narzissmus sehr irritierend, weil sie oft wie aus heiterem Himmel passiert. Meist sind es Männer, die einen solchen Seitensprung praktizieren. Und man muss ihr Innenleben gut kennen, um zu verstehen, dass es ihnen vor allem darum geht, durch den »Jagd-Erfolg« die eigene Selbstachtung zu heben. Das Leben hat ihnen zugesetzt, sie haben Enttäuschungen erlitten, ihre Selbstachtung ist beschädigt. Und dann sind sie nicht in der Lage, sich dem Partner anzuvertrauen und sich schwach zu präsentieren. Denn sie sind es gewohnt, zu glänzen und bewundert zu werden. Und so ist es geradezu logisch, dass sie aktiv durch einen Seitensprung ihr angeschlagenes Selbstwertgefühl wieder herstellen.

Das war auch die Erkenntnis einer sehr attraktiven 39-jährigen Wissenschaftlerin, die mir in einem Interview sagte: »Ich war immer die Tüchtige, die Strahlende, hatte viele Ideen, aber ich wusste selbst, wie groß der Abstand zwischen meinen Idealen und meinen wirklichen Fähigkeiten war. Meine eigene Bilanz fiel vernichtend aus. Denn wenn ich ehrlich war, so musste ich zugeben, dass ich doch sehr normal war, irgendwie durchschnittlich, und genau genommen durfte und wollte ich das nie sein. Und wenn ich mal etwas Besonderes machte, hielt meine Freude darüber nur einen Tag an. Irgendwie war in mir immer eine große Leere, ich konnte mich nicht recht lieben. Ich hatte immer das Gefühl: Du bist nicht genug. Aber wenn mich ein Mann begehrte, stieg automatisch meine Lebensstimmung, ein Mann zeigte mir, dass ich was wert bin. Das war eigentlich das Wichtigste am Seitensprung. Es war die Anerkennung, ich fühlte mich toll. Ich merkte, was dieser Mann alles anstellt, um mit mir zusammen zu sein. Plötzlich spürte ich, dass ich etwas ganz Besonderes bin.«

Was die Wissenschaftlerin so selbstkritisch beschreibt, bezeichnen wir als narzisstische Störung. Dabei wird im Alltagsgebrauch der Begriff »Narzissmus« mit Selbstverliebtheit gleichgesetzt. Das Wort stammt aus einer griechischen Sage und handelt von dem bildhübschen Jüngling Narzissos, der sein eigenes Spiegelbild liebte. Doch mit wirklicher Liebe hat dies nichts zu tun, denn der Narzissmus beinhaltet immer eine tiefe Tragik. Zwar mag es so aussehen, dass der Narziss selbstverliebt ist, weil er gern im Mittelpunkt steht und die Aufmerksamkeit anderer Menschen auf sich zieht. Wie ein guter Schauspieler kann er sich inszenieren, findet im rechten Moment die richtigen Worte, hat ein bezauberndes Lachen, kann andere beeindrucken. Doch in Wirklichkeit fühlt er sich wie ein Seiltänzer, sein ganzes Leben über bewegt er sich über einem Abgrund. Denn er hat nie erlebt, dass er grundlegend geliebt wurde. Immer wurden in der Kindheit nur seine Talente bewundert, seine Leistungen gewürdigt. So hat er stets die Furcht, den eigenen großen Ansprüchen nicht genügen zu können, und schwankt zwischen Größen- und Kleinheitsgefühlen hin und her. Deshalb ist er in der Partnerschaft auf eine übermäßige Anerkennung angewiesen. Allerdings ist er kaum in der Lage, diese Wertschätzung innerlich zu speichern. Wie bei einem Wasserfass, das ein großes Loch aufweist, hält die beruhigende Wirkung der Liebe immer nur kurze Zeit an. Das macht natürlich eine Beziehung mit ihm schwierig. Zwar sind narzisstische Männer sehr anziehend, sie lösen instinktiv in vielen Frauen ein tiefes Gefühl der liebenden Bewunderung aus. Aber narzisstische Männer binden sich wenig, ihre Verwurzelung ist gering, bereits bei kleinen Problemen kommt es zu Beziehungsabbrüchen.

Das mangelnde Vertrauen

Zwar kann eine Partnerschaft mit einem narzisstischen Mann über lange Zeit gut gehen. Oft handelt es sich um sehr fürsorgliche Ehemänner, die zudem im Beruf Hervorragendes leisten. Aber sie können Nähe nur herstellen und bewahren, solange sie über eine gefestigte Selbstachtung verfügen. Jede größere Lebensbelastung ist eine »Sollbruchstelle«, denn sobald sie seelisch angeschlagen sind, sich minderwertig fühlen, müssen sie sich zurückziehen. Sie neigen dann dazu, durch erotische Eroberungen ihr angeschlagenes Selbstwertgefühl wieder aufzubauen. Sie haben kein Vertrauen darin, von einer Partnerin wirklich geliebt, auch gestützt und verstanden zu werden. Das haben sie nie erlebt. Doch dieses Vertrauen bildet die ruhige Basis jeder Liebesbeziehung. Es ist die Überzeugung, dass wir uns dem anderen auch mit unseren Schwächen zumuten können, dass wir uns aufeinander verlassen können. Dass der andere unsere Fehler und Schwächen nicht ausnutzt. Und dieses Gefühl der Sicherheit, der inneren Hingabe kennt der narzisstische Partner nicht. Er hat immer Angst, sich mit seinen schwachen Seiten, seinen Ängsten und Unsicherheitsgefühlen zu zeigen, und empfindet tiefe Schamgefühle, die tödlich für die Liebesbeziehung sind. Denn Schamgefühle führen zu einer massiven Fluchttendenz. »Ich möchte dann im Boden versinken«, schildern Betroffene das Grundgefühl der Scham. Gewissermaßen kündigen narzisstische Menschen innerlich immer wieder die Beziehung auf, und das ist tragisch, denn dadurch verlieren sie ihre sozialen Wurzeln. Und sie können jene emotional korrigierende Erfahrung nicht nachholen, dass sie so akzeptiert werden, wie sie wirklich sind.

Die Untreue narzisstischer Männer kommt für die Frauen oft überraschend. Denn der Anlass der Untreue besteht nicht in einer unbefriedigenden Partnerschaft. Vielmehr besteht der Auslöser für den Seitensprung meist darin, dass sich der narzisstische Partner in einer Lebenskrise befindet. Das kann eine Prüfung sein, ein berufliches Scheitern oder die Midlife-Crisis, in der man das Alter verstärkt spürt und Unzufriedenheit mit der eigenen Lebensbilanz aufzukommen droht. Das zehrt vor allem am Selbstbewusstsein der Männer, die sich dann eine jüngere Partnerin suchen, die durch bewundernde Zustimmung und ihre Jugendlichkeit das geschundene Selbstbewusstsein wieder aufrichten soll. Die eigene Partnerin ist dazu oft nicht in der Lage, wenn sich das partnerschaftliche Gleichgewicht im Laufe der Beziehung verschoben hat. Am Beginn vieler Liebesbeziehungen sind es meist die Frauen, die bewundernd zu den Männern aufblicken. Bereits nach wenigen Jahren sind sie allerdings desillusioniert und verhalten sich zunehmend ernüchtert. Im Sinne einer Gleichberechtigung ist dieser Prozess zu begrüßen, doch die Männer erleben – mitunter mit Recht – diesen Abkühlungsprozess der Frauen als Kränkung und suchen sich dann die Anerkennung in fremden Betten. Eine meiner Patientinnen hat dies auf tragische Weise erleiden müssen. Sie war mit einem Mann verheiratet, der noch studierte. Er hatte trotzdem die Rolle des großen, starken Partners inne. Jedenfalls erklärte er ihr immer die Welt – wie dies Männer manchmal gern zu tun pflegen. Er stammte aus einer Familie, in der es extrem wichtig war, Erfolg zu haben. Sein Vater war Schuldirektor, er war der einzige Sohn, sollte der Bannerträger der Familie sein. In der Familie fing der Mensch erst beim Akademiker an. Für den Vater war es undenkbar, dass der Sohn einmal keinen Erfolg haben könnte. Und als er die Prüfung nicht bestand und sie wiederholen musste, geriet er in eine große Krise. Seine Partnerin hielt zu ihm, stützte ihn, das Gleichgewicht der Beziehung verschob sich. Sie war glücklich, als er die Prüfung schließlich bestand. Und sie war erschüttert, als er die Liebesbeziehung heftig kritisierte und fremdging. Sie verstand das nicht, war gekränkt. Aber der Seitensprung hatte System: Sie hatte hinter seine Fassade geschaut, hatte ihn schwach erlebt, ihn in seiner Verzweiflung begleitet. Sie hatte ihn regelrecht entzaubert. Und deshalb musste er fremdgehen, um seine beschädigte Selbstachtung wieder herzustellen. Gut ging es ihm nur bei Frauen, die ihn und seine Verführungskünste noch nicht kannten, ihn bewunderten. Er war immer zutiefst davon überzeugt, dass man ihn nicht lieben könne, wenn »die Schokoladenhaut« weg ist. Als er dann die Prüfung bestand, hatte er sein altes Überlegenheitsgefühl wieder gefunden, machte die Beziehung madig und ging fremd.

Man mag dieses Fremdgehen kritisch betrachten – doch für narzisstische Menschen ist es eine seelische Notwendigkeit, fast ein Überlebensprogramm. Im Interview meinte eine Schriftstellerin: »Ich habe ja immer versucht, treu zu sein, aber dann ging es mir schlecht. Wenn ich untreu war, ging es mir besser. Ich bin für eine nahe Beziehung nicht geschaffen.« Ich fragte sie in einem Tiefeninterview nach ihrer Kindheit, ihren Liebesbeziehungen, und sie berichtete: »Meine Mutter war Lehrerin, das war furchtbar. Ich war bei ihr in einer Klasse, sie hat immer auf meine Leistungen geachtet. Ich wurde von den Freundinnen immer gemocht, weil ich die Tochter der Lehrerin war. Alle wollten sich mit mir gut stellen. Es ging eben nie um mich – als Person. Mein Vater ist ein gutaussehender, erfolgreicher Wissenschaftler. Ich musste ständig Leistung bringen, ich bin es heute gewohnt, dass ich schön bin, Ausstrahlung habe, die Männer begehren mich. Ich glaube aber nie daran, dass mich einer so liebt, wie ich wirklich bin. Liebe ist für mich anstrengend. Es ist ein entsetzlicher Gedanke für mich, dass ein Mann sieht, wie ich ungeschminkt aus dem Bett komme. Ich muss stets perfekt sein. Zu vertraut, zu nah, zu intensiv durfte es für mich nie werden. Deshalb bin ich immer fremdgegangen. Wenn ich untreu war, ging es mir gut. Dann bekam ich Anerkennung, war halbwegs zufrieden mit mir und mein Partner war genügend weit entfernt von mir. Ich kann Nähe irgendwie nicht aushalten.«

Kränkung und Vernachlässigung

Diese Angst vor Nähe ist natürlich auch für den Partner gelegentlich schwer zu ertragen. Sehr einfühlsam beschrieb das eine Kollegin: »Mein Mann hatte es in seiner steifen Familie sicher sehr schwer. Es fehlte die Herzenswärme, es war zu formal. Aber ich habe es mit meinem Mann auch nicht leicht. Er ist nicht nur distanziert, sondern auch sehr leicht gekränkt.« Offenbar sind narzisstische Menschen auf die Anerkennung naher Menschen angewiesen und reagieren deshalb auf Kränkungen so empfindlich. Und sie sind so empört über die Vergesslichkeiten und Boshaftigkeiten des Partners, dass sie spontan beschließen, sich zu rächen. Gewissermaßen lockert sich in diesen Momenten die Bindung zum Partner und man beschließt, es ihm heimzuzahlen. »Erst hat mein Mann unseren Hochzeitstag vergessen, dann hat er Bemerkungen über meine Pfunde gemacht und gemeint, ich bräuchte kein neues Abendkleid, ich müsste nur etwas abnehmen. Da habe ich gewusst: Diesem Kerl zeig ich es. Oder war es: Ich beweise es mir? Jedenfalls habe ich mir das Erlebnis geholt, dass ich für andere Männer durchaus attraktiv bin. Die strengen sich sehr dafür an, dass ich mit ihnen ins Bett gehe.« – So beschrieb eine 47-jährige Lehrerin, die seit 15 Jahren verheiratet ist, ihr Gefühlsgemenge. Fast jede Frau hätte sich über diese dummen Bemerkungen des Mannes geärgert. Sie wäre wütend geworden, hätte geschmollt oder sich zurückgezogen. Doch sie rächte sich mit einem Seitensprung, was ihrem Mann nicht verborgen blieb, so dass es zu heftigen Auseinandersetzungen kam. Natürlich kann man seine Wut auch in der Weise ausleben, dass man vor den Augen des Partners flirtet. Man glaubt nicht mehr daran, dass es Sinn hat, mit dem anderen über die Vorfälle zu reden. Dazu sind die Machtprozesse in der Ehe zu weit fortgeschritten. Vielmehr entschädigt man sich durch das Erlebnis, von einem anderen Mann begehrt worden zu sein. Dies hat allerdings massive Auswirkungen auf die Partnerschaft und verstärkt die destruktive Machtspirale.

Der untreue amerikanische Präsident

Solche narzisstischen Menschen findet man natürlich besonders unter Politikern, Schauspielern und Künstlern. Überall dort, wo es um die Aufmerksamkeit in der Öffentlichkeit geht, trifft man verstärkt auf narzisstische Persönlichkeiten. Auch dies ist ein Grund dafür, warum Untreue gerade dort so häufig zu finden ist.

Wie faszinierend, aber auch beziehungsgestört berühmte Männer sein können, zeigt sich beim amerikanischen Präsidenten Kennedy. Ihm wurde von seinem strengen Vater schon früh ein hartes Konkurrenzstreben beigebracht, nie durften er und seine Brüder die Zweitbesten sein. Und so wurde er ein ehrgeiziger, sehr erfolgreicher Mann, der trotz massiver Rückenbeschwerden und Kopfschmerzen ein aktives Leben führte. Er stand immer unter ärztlicher Beobachtung, war mehrfach dem Tod sehr nahe, und seine Frau war ihm in solchen Zeiten eine so große Unterstützung, dass er einmal schrieb: »Ihre Hilfe in den langen Tagen meiner Genesung werde ich nie angemessen würdigen können.«

Doch Kennedy war nicht der Mensch, der seine Ehefrau Jacqueline wirklich von Herzen liebte. Vielmehr soll er ein distanzierter, kühler Mensch gewesen sein. Frauen waren für ihn eher Sexualobjekte und dienten ihm dazu, seine narzisstischen Bedürfnisse wieder zu erfüllen. So meinte er einmal: »Mit einer Frau bin ich erst dann fertig, wenn ich sie auf drei verschiedene Arten gehabt habe.« Eine emotionale Bindung zu seinen Geliebten ergab sich kaum, und als Kennedy einmal von einer langjährigen Freundin gefragt wurde, ob er jemals einen Menschen geliebt habe, soll er nach langem Zögern gemeint haben: »Nein.«[17]

Allerdings war er eine sehr charismatische Persönlichkeit und faszinierte nicht nur seine Wähler, sondern vor allem auch Frauen. Er verführte Sekretärinnen, Schauspielerinnen, Praktikantinnen, und dem britischen Premier Macmillan bekannte er einmal, dass er fürchterliche Kopfschmerzen bekäme, wenn er nicht alle drei Tage mit einer Frau schlafen würde. Einer seiner engsten Freunde – George Smathers – meinte einmal, Kennedy habe die aktivste Libido, die er je bei einem Mann erlebt habe. Dabei sei es ihm mehr um Eroberung, um Quantität als um Qualität gegangen, er sei im Bett ein miserabler Liebhaber gewesen. Seine attraktive Frau tolerierte seine sexuellen Eskapaden, wenn sie nicht in die Öffentlichkeit gelangten. Sie erwartete nicht, dass ihr Mann treu sein würde. »Ich glaube nicht, dass es irgendeinen Mann gibt, der seiner Frau treu ist«, meinte sie einmal, als man sie auf Gerüchte ansprach. Sie wollte Geld, viel Geld, Luxus und eine Lebensbühne, um dort glanzvoll aufzutreten. Als sie jedoch einmal in einem Kissenbezug einen Damenslip entdeckte, soll sie mit eisiger Miene gesagt haben: »Mach mal bitte ausfindig, wem der gehört. Es ist nicht meine Größe.« Tief gekränkt und erschüttert war sie allerdings, als Kennedy nicht an ihrer Seite war, als sie sich in Lebensgefahr befand. Nach einem Kaiserschnitt war ihr Kind tot zur Welt gekommen und Kennedy setzte eine Kreuzfahrt auf einem Schiff zunächst fort, auf dem sich zahlreiche hübsche Frauen befanden. Nun zog sie sich zurück und blieb nur bei ihrem Mann, nachdem ihr der Vater von Kennedy zusicherte, dass sie nicht nur eine Million Dollar, sondern auch mehr Freiheiten in ihrer Lebensgestaltung bekommen würde.

Die verletzten Frauen

Nur wenige Frauen sind so souverän wie Jacqueline Kennedy, die immer mit der Untreue ihres Mannes rechnete. Meist leiden sie unter den Seitensprüngen ihres Mannes und lieben ihn doch, weil sie ihn bewundern. Und sie spüren sein schwankendes Selbstbewusstsein, sein großes Verlangen nach Anerkennung. Sie wollen ihn retten. Sie umwerben ihn, vermitteln ihm immer wieder, wie begehrenswert er ist. Und tatsächlich sind sie immer wieder sehr fasziniert von ihm. Der narzisstische Mann kann wunderbar erzählen, sich darstellen, und dafür bekommt er dann Anerkennung. Allerdings ist das tiefere Lebensgefühl des Narzissten dadurch nicht berührt. Er kennt jene tiefe Bindung nicht, die sonst mit der Liebe einhergeht. Und er trennt sich deshalb auch schnell oder begeht Seitensprünge, wenn ihn etwas stört. Das führt oft zu dem Vorwurf, er sei gefühlskalt und egoistisch. Tatsache ist jedenfalls, dass die Partner von Narzissten oft zu leiden haben. Meist lieben sie übermäßig und sind schockiert, wenn sie realisieren, wie wenig sie geliebt wurden. Die Frau von Claude Debussy schoss sich deshalb in die Brust und den Unterleib – und überlebte. Claude Debussy – der großartige schöpferische Komponist – war oft untreu, eine seiner Freundinnen hatte deshalb schon versucht sich zu erschießen. Nach der Hochzeit begann Debussy ein Verhältnis mit einer Bankiersgattin. Von einem Morgenspaziergang kehrte er nicht mehr zurück. Als seine Frau von Freunden davon erfuhr, versuchte auch sie, sich mit einem Revolver umzubringen. Debussy brachte sie ins Krankenhaus. Sie wurde gerettet, doch eine Kugel blieb für den Rest des Lebens in ihrem Körper.

Motiv 2: Die Angst vor Nähe

Dieses Untreue-Motiv ist nicht leicht zu erkennen. Wenn Männer unter einer großen Angst vor Nähe leiden, gehen sie fremd, wenn die Frauen überhaupt nicht damit rechnen, wenn eigentlich alles schön ist. Zwar gibt es immer kleine Warnhinweise dafür, dass sich ein Mann von der zunehmenden Nähe bedroht fühlt, doch richtig verständlich wird dies alles erst, wenn man die Kindheit eines solchen Mannes – oder, im umgekehrten Fall, der betreffenden Frau – kennt.

Dies wurde mir deutlich bewusst, als ich mit einem Bekannten über das Thema ›Treue‹ sprach. Er lebt in Süddeutschland, wir sehen uns nicht häufig, aber ich weiß, dass seine Liebesverhältnisse nie lange andauern. Er ist selten treu, denn wenn es in einer Beziehung enger wird, geht er ein Verhältnis ein. Ich ahnte schon immer, dass dies keine bewusste Entscheidung, sondern mehr sein Lebensstil ist. Ich lud ihn daher zum Essen ein und bat ihn, mehr über sich zu erzählen. Er berichtete mir, dass sich seine Mutter umgebracht hatte, als er 16 Jahre alt gewesen sei. Sie habe sich auf dem Dachboden des Hauses aufgehängt. Sie wäre damals in einer Krise gewesen, aber niemand habe damit gerechnet, dass sie sich umbringen würde. Das habe ihn sehr schockiert. Nach längerem Schweigen fragte ich den Bekannten, ob er sich nach dieser traumatischen Erfahrung überhaupt noch auf die Beziehung zu Frauen einlassen konnte. Ob er nicht immer die Angst haben musste, dass man ihn plötzlich verlässt. Sehr ernst schaute mich der Bekannte daraufhin an und meinte, dies würde er sich seit einigen Jahrzehnten überlegen. Das sei die Frage seines Lebens.

Die Angst verlassen zu werden

Wer eine große Angst vor Nähe hat, musste in seiner Kindheit meist traumatische Trennungserfahrungen verkraften. Die Eltern trennten sich plötzlich, oder jüngere Geschwister wurden geboren und zogen die Aufmerksamkeit auf sich. Häufig war auch die Beziehung zur Mutter wenig verlässlich, so dass das Kind nicht die Stabilität der Nähe erleben konnte. Solche Erfahrungen führen immer zu einem Sicherungsverhalten: Man hat Angst vor Nähe, weil man befürchten muss, wieder enttäuscht zu werden. Und tatsächlich ist diese Angst nicht unberechtigt. Denn die Liebe ist nicht nur etwas Stabilisierendes, sie kann auch verunsichern und Angstgefühle auslösen. Wenn wir lieben, machen wir unser Glück von dem begehrten Menschen abhängig. Das spüren wir am stärksten, wenn wir Angst haben müssen, dass uns der andere verlässt. Dann merken wir sehr deutlich, welche große Bedeutung er für unser seelisches Gleichgewicht hat, und oft brauchen wir Monate und Jahre, bis wir nach einer Trennung unsere innere Stabilität wieder gefunden haben. Insofern verlieren wir einen Teil unserer inneren Autonomie, wenn wir lieben. Und genau davor haben viele Menschen große Angst. Sie haben bereits in der Kindheit die schmerzhafte Erfahrung gemacht, enttäuscht, verletzt und verlassen zu werden, und wollen eine Wiederholung dieser Erfahrung verhindern. Deshalb wollen sie vermeiden, abhängig zu werden. Und der Seitensprung ist eine der intensivsten Möglichkeiten, die innere Abhängigkeit zu einem Menschen zu bekämpfen.

Die Liebe als Bedrohung

Eine sehr attraktive 40-jährige Schriftstellerin meinte in einem Interview, sie habe immer Angst bekommen, wenn die Liebe tiefer wurde. Sie hatte einen fast verzweifelten Gesichtsausdruck, als sie mir sagte: »Es war absurd, ich brauchte die Liebe, aber ich empfand sie auch als Gefahr. Irgendwie erkläre ich mir das heute so, dass ich dann mein seelisches Gleichgewicht verlor. Durch die Untreue bekam ich wieder festen Boden unter den Füßen. Ich hatte immer extrem große Angst, den Mann zu verlieren. Ich glaubte, dass er mich nicht lieben könne, dass er irgendwann weg wäre. Und ich würde tief abstürzen. Ich dachte immer, ich sei austauschbar. Um diese Angst nicht zu spüren, ging ich fremd. Dann wurde ich von zwei Männern begehrt, und ich dachte oder fühlte, wenn dann einer weg ist, habe ich noch den anderen. Im Moment beruhigte mich das, aber glücklich war ich damit nie. Denn ich entfernte mich von meinem Partner, den ich eigentlich liebte. Ich hatte Schuldgefühle, weil ich so viel für einen anderen Mann empfand. Bei ihm war ich aufgeregt, mit ihm wollte ich schlafen, hatte Herzklopfen. Wenn ich an diesen anderen Mann dachte, spürte ich meine Angst vor Nähe nicht. Aber irgendwie war das für mich auch nicht in Ordnung, ich kam nicht zur Ruhe. Es war doch immer die Sehnsucht nach einer tiefen Bindung da. Die Affäre deckte das nicht ab. Das war doch keine richtige Liebe.« Wir sprachen dann über ihren Beruf, ihre Lebensträume und ihre Kindheit. Sie erinnerte sich: »Mein Vater konnte sehr liebevoll sein, aber dann war er plötzlich sehr jähzornig. Er war unberechenbar, und ich glaube, dass ich deshalb kein Vertrauen in die Liebe gewinnen konnte.«

Die erdrückenden Mütter

Wenn wir Angst haben, verlassen zu werden, ist durchaus ein starkes Nähebedürfnis vorhanden. Doch dieses Nähebedürfnis ist meist wesentlich verhaltener, wenn man in der Kindheit gleichsam liebevoll erdrückt wurde. Meist sind es die überbehütend-ängstlichen Mütter, die in den Söhnen ein extremes Freiheitsbedürfnis hervorrufen. Wenn diese später fremdgehen, hat dies nichts mit Liebe oder Sexualität zu tun. Sie wollen damit wieder etwas Distanz herstellen, die sie dringend benötigen, und sich jene Freiheit erobern, auf die sie angewiesen sind. So ging es auch Leo Kaplan – in dem gleichnamigen Roman –, der mit der 35-jährigen Hannah zusammenlebte. Er liebte Hannah, aber musste immer wieder mit anderen Frauen schlafen. »In periodischen Abständen brauchte er Luft, verlangte es ihn nach Sonne auf den Schultern. Und sobald sich die Gelegenheit bot, ein Verhältnis mit einer Frau anzufangen (kurz, heftig, heimlich), fühlte er sich so befreit, als hätte er die Schwerkraft abgestreift. Wie jeder andere Mensch brauchte er Illusionen. Kaplan brauchte die Illusion, nach Belieben aus dem auswählen zu können, was das Leben zu bieten hatte.« Und dann entschied er sich wieder für seine Frau. Dabei fühlte er sich bei Hannah durchaus wohl. »… Ihr Schoß war in den vergangenen Jahren doch mehr oder weniger zu seinem Schoß geworden. Darin hatte er sich genauso zu Hause gefühlt wie in diesem prachtvollen Haus und … Wie jeder andere brauchte auch Kaplan jemanden, der ihn liebte. Bei Hannah hatte er bedingungslose Unterstützung und grenzenloses Vertrauen erfahren.«[18] Und doch ging er fremd und setzte alles aufs Spiel.

Das zeitenthobene Paarsein

Mich hat es immer geärgert, dass Männer wie Kaplan von vielen bewundert werden. Ihre eigene Sexualität ist vielleicht etwas langweilig geworden und sie denken: »Was für ein Kerl – er hat eine nette Frau zu Hause und dann schläft er noch mit einer anderen. Wie ein Pascha liebt er zwei Frauen, das ist doch wie im Paradies.« Aber genau das bezweifelt der Schriftsteller Leon de Winter. Er fragt sich, ob man wirklich zwei Menschen gleichzeitig lieben kann, und kommt zu der Erkenntnis: »Vermutlich ja – aber mit folgender Einschränkung: Jemand, der zwei Menschen gleichzeitig von ganzem Herzen liebt, ist außerstande die Wonnen (bedaure, konkreter lässt sich das kaum benennen) ›zeitenthobenen Paarseins‹ zu erleben. Denn während er oder sie zusammen mit dem einen geliebten Menschen die wundervolle Einheit bildet, ist er oder sie zugleich auch die unganze Hälfte, die sich nach dem anderen geliebten Menschen sehnt. Er oder sie kann sich so schwerlich dem Augenblick widmen, immer ist seine oder ihre Fantasie aktiv und irrt durch die Zeit …«[19]

Die erstickende Zärtlichkeit

Untreue führt also dazu, dass wir einen Zustand des ruhigen Glücks nicht erleben. Doch warum ging Leo Kaplan dann immer wieder fremd? Die Antwort ergibt sich, wenn wir seine Kindheit besser verstehen. Er war mit einer bedrängenden Mutter aufgewachsen, die ihm mit einer erstickenden Zärtlichkeit begegnete, die vor allem seiner Gesundheit galt. Dagegen konnte er nicht rebellieren. Einmal hatte er seine Mutter eine gemeine Ziege genannt, jahrelang hatte man ihm das vorgehalten. Er entwickelte Schuldgefühle, denn seine Eltern waren die einzigen Überlebenden zweier bettelarmer jüdischer Familien und das Handeln seiner Eltern wurde von einem sehr verständlichen Verfolgungswahn diktiert. Sie flüsterten schon dem Kind zu, dass man sich niemals binden dürfe, immer darauf bedacht sein müsse, Hals über Kopf zu fliehen. Seine Eltern wollte er nicht enttäuschen, denn er war ein sensibles Kind, das hinter ihrer verzehrenden Liebe etwas Furchtbares witterte.

Als er dann zum ersten Mal mit Ellen schlief, schien die Welt ausgeblendet. Es existierte für ihn keine Welt von ängstlichen Eltern mehr – nun wollte er seine eigene Geschichte schreiben und eine neue Zeitrechnung beginnen. Doch die Außenwelt begann trotzdem, an ihrer Glasglocke zu kratzen, der Alltag kehrte ein. Während Ellen bereit war, für diese Liebe zu sterben, musste sich Leo immer wieder aus der engen Bindung befreien. »Für Ellen war Liebe ein Ziel, eine Bestimmung. Aber für Leo war Liebe ein Mittel, um etwas zu erreichen, ein Gefühl, das die nötige innere Ruhe verlieh, um mit den Gefahren der Straße fertig werden zu können.«[20] Schließlich trennte er sich von ihr, als sie schwanger war. Erst viele Jahre später traf er sie wieder. Nun bereute er die Trennung und fragte sich, warum er immer wie ein entlaufener Sträfling lebte. Gern hätte er alles rückgängig gemacht. Doch sie lebte mit einem Diplomaten zusammen, der sie in schwierigen Zeiten gestützt hatte. Zwar war Leo attraktiver und erotischer als ihr Mann, aber dieser hatte ihr viel gegeben, hatte sie nach einer großen Krise wieder laufen gelehrt, dies Glück wollte sie nicht gefährden. Sie wolle bei ihm bleiben, das sei sie ihm schuldig, für all die Jahre – erklärte sie Leo. Und nun entstand zwischen ihnen eine Distanz – als habe sich eine Scheibe aus kugelsicherem Glas zwischen ihnen gesenkt.

Der bestimmende Partner

Die Angst vor Nähe entspringt oft Ursachen, die in der Kindheit liegen. Doch meist werden diese Ängste zusätzlich durch einen sehr bestimmenden Partner geschürt. Denn oft suchen sich anhängliche Menschen einen dominierenden Partner, da sie sich bereits in der Kindheit immer anpassen mussten. Einerseits sind diese Menschen dann von dem aktiven Mann bzw. der Frau abhängig, auf der anderen Seite fühlen sie sich von ihm bzw. ihr dominiert. Sehr deutlich zeigte sich dies bei einem sehr liebenswürdigen 42-jährigen Angestellten, der mit einer resoluten Frau zusammenlebte. Er verfügte nur über einen sehr kleinen Freundeskreis, in seinem Beruf war er nicht unbedingt tüchtig und er wusste, dass er eines Tages nur eine sehr geringe Rente bekommen würde. Demgegenüber war seine Partnerin ziemlich vermögend und sie bestimmte sehr stark das gemeinsame Privatleben. Dieser Angestellte war oft hin- und hergerissen. Ihm gefiel ihre lebenstüchtige Art, doch war er von ihrem teilweise resoluten Durchsetzungsvermögen zurückgestoßen. Diesen inneren Konflikt »löste« er, indem er immer wieder fremdging und sich auf diese Weise quasi selbst bewies, dass er nicht zu sehr von ihr abhängig war. Zudem rächte er sich für ihre Übergriffe, hielt sie dadurch in Schach, denn sie ahnte durchaus etwas von seinen Seitensprüngen. Ihm selbst waren diese Zusammenhänge teilweise sogar bewusst. Er berichtete mir einmal: »Ich bin ja grundsätzlich treu. Aber von Zeit zu Zeit kommt es dann doch zu einem Seitensprung mit Frauen, die ganz anders sind als meine Partnerin. Sie sind mädchenhaft, sie bewundern mich, dort bin ich ganz Mann. Ich hole mir von ihnen die Bestätigung, die ich in der Partnerschaft nicht bekomme. Irgendwie finde ich auf diese Weise einen Rückhalt, so dass ich mich gegenüber meiner Partnerin besser wehren kann. Ich will die Beziehung ja nicht beenden, ich will nur ein Gleichgewicht herstellen.«

Der große Verführer

Wir haben nun mit der

- Angst vor dem Verlassenwerden,
- den dominanten Eltern und dem
- bestimmenden Partner

die drei wichtigsten Ursachen für die Angst vor Nähe kennengelernt. Damit verfügen wir über den Schlüssel, um das ruhelose Liebesleben von Casanova – des größten Verführers aller Zeiten – zu begreifen. Er wurde 1725 in Venedig geboren, seine dominante, attraktive Mutter war ständig auf Reisen, sein Vater wird in seinen Schriften kaum erwähnt, auch zu den meisten seiner Geschwister hatte er eine sehr schlechte Beziehung. Er war ein frühzeitig »Verlassener«, und wir finden in seiner Autobiografie viele Hinweise für seine innere Einsamkeit. So beschreibt er sich als kränkliches, sauertöpfisches und ungeselliges Kind. Das klingt so, als wäre er daran Schuld gewesen, obwohl er doch ein Opfer des unruhigen Elternhauses war. Er fand schon als Kind keine Wurzeln, wuchs schließlich bei seiner Großmutter auf und erlernte erst mit neun Jahren das Schreiben. Innerlich war er ein ewig Getriebener, fand auch bei der Großmutter keine Ruhe, denn er wurde schließlich nach Padua in ein Pensionat gebracht, um seine Studien fortzusetzen. Dort soll er bei der schmalen Pensionskost fast verhungert sein und trotzdem erwarb er im Alter von 16 Jahren den juristischen Doktorgrad. In den folgenden Jahren wuchs Casanova zu einem sehr hübschen jungen Mann heran, der neugierig und leidenschaftlich die Möglichkeiten des Lebens erkundete. Und nun kamen bei ihm im Bereich der Liebe zwei Prinzipien zur Geltung:

- die Hoffnung, frühere Defizite zu überwinden und gleichzeitig
- sich vor traumatischen Erfahrungen zu schützen.

Zunächst entwickelte sich Casanova zu einem leidenschaftlichen Liebhaber, der immer wieder Liebe erhoffte und die Frauen sehr ernst nahm. Das war damals ungewöhnlich, denn die Liebe war ein Spiel ohne jeden Ernst, die Sexualität hatte seinerzeit die gleiche Bedeutung wie Essen und Trinken. Doch der gutaussehende Casanova soll die oftmals sehr bestimmenden Frauen sehr geliebt und respektiert haben. Er ging auf ihre Bedürfnisse ein, beschenkte sie, führte lange Gespräche mit ihnen. Er suchte bei den Frauen nicht nur das sexuelle Vergnügen, sondern umfassende Begegnungen, geistig-erotische Erfahrungen.

Casanova war ein ungemein gebildeter Mann, der von dem preußischen König Friedrich II. und der russischen Zarin Katharina II. empfangen wurde. An den Fürstenhöfen war dieser Mann ein gern gesehener Gast. Und er war ein Liebling der Frauen, in 40 Jahren soll Casanova etwa 140 Geliebte gehabt haben. Durchschnittlich waren dies etwa drei im Jahr. Mancher wird einwenden, dass dies nicht viel sei. Aber die meisten Eroberer setzen sich irgendwann zur Ruhe, laufen in den Hafen der Ehe ein. Doch zu einer Heirat kam es nie. Casanova erinnert sich: »Ich habe die Frauen manchmal bis zum Wahnsinn geliebt, aber immer habe ich meine Freiheit mehr geliebt …« Er hatte zu viel Angst und war immer ein Flüchtling, was er leider zu spät erkannte, und so beklagte er – bevor er 73-jährig starb – dass »die Unabhängigkeit in meinem Alter eine Art von Sklaverei ist. Hätte ich eine Frau geheiratet, die so geschickt gewesen wäre, mich zu lenken und zu beherrschen, ohne mich mein Joch fühlen zu lassen, so hätte ich mir mein Vermögen bewahrt, Kinder gehabt und wäre jetzt nicht mutterseelenallein.«[21]

Das Freundschaftsdefizit

Wer eine große Angst vor Nähe hat, verhält sich immer ein wenig wie Casanova. Er ist nie ganz treu, wirbt zumindest sehr um andere Frauen, um damit die Näheprozesse in der Partnerschaft zu regulieren. Und auf diese Weise muss er sich auch nicht auf eine bestimmte Frau festlegen. Vielmehr steht ihm die Vielfalt des Lebens offen und er kann immer wieder neue erotische Erfahrungen machen. Dabei kann man beobachten, dass er Freundschaften vernachlässigt, die dazu beitragen könnten, seine Abhängigkeit von Frauen zu verringern. Denn gute Freundschaften könnten uns helfen, intensive Bindungen mit Frauen einzugehen und gleichzeitig die innere Abhängigkeit zu verringern. Doch dieser goldene Ausweg steht dem Casanova-Typ nicht zur Verfügung. Er gehört zu der großen Mehrheit aller Männer, die keine Freundschaften pflegen, in denen er auch über sich erzählen könnte. An solchen Freundschaften hat er zu wenig Interesse. Aufgrund der Defizite in der Kindheit sucht er nach leidenschaftlichen, auch körperlich intensiven Bindungen. Er hofft so, seine innere Verlorenheit überwinden zu können, und begreift nicht, dass er dadurch der Liebe eine zu große Bedeutung verleiht, die er mit den Seitensprüngen wieder regulieren muss. Fast immer verläuft dies tragisch, weil auf diese Weise eine Heilung der Kindheitswunden nicht möglich ist.

Für die Frauen sind Beziehungen zu einem Casanova schwierig. Denn wenn ein Mann unter großen Näheängsten leidet, wird er längerfristig jede Bemühung sabotieren, die emotionale Bindung zu verstärken. Auf diese Weise tritt nie eine beständige Ruhe ein. So ging es auch Albert Einstein, der einmal bekannte, er habe »selbst der engeren Familie nie mit ganzem Herzen angehört, sondern all diesen Bindungen gegenüber ein sich nie legendes Gefühl der Fremdheit und des Bedürfnisses nach Einsamkeit empfunden …«[22] Um sein Bedürfnis nach Distanz zu wahren, musste er immer wieder erotische Kontakte mit anderen Frauen aufnehmen. Er soll auf Frauen wie ein Magnet auf Eisenpulver gewirkt haben, war zweimal verheiratet, hatte aber viele Geliebte, die er sogar in sein Haus in Caputh einlud, was seine Ehefrau natürlich sehr empörte. Eine wirkliche Nähe zu Frauen aufzubauen und ihnen treu zu sein war ihm fremd. Einstein empfand die Frauen vor allem als Störfaktor. Und so bekannte er einmal, die Frauen seien zu Hause noch erträglich. Sie würden sich dann mit der Einrichtung beschäftigen. »Bin ich aber mit meiner Frau auf Reisen, so bin ich das einzige Möbelstück, das ihr zur Verfügung steht, und sie kann es nicht lassen, den ganzen Tag um mich herumzusausen und irgend etwas an mir in Ordnung zu bringen.« Natürlich war Einstein weit davon entfernt, seine Neigung zur Untreue ändern zu wollen. Vielmehr forderte er, man solle Verständnis mit untreuen Männern haben. Er schrieb einer Dame, deren Mann notorisch untreu war, die meisten Männer wären nicht monogam veranlagt: »Erzwungene Treue ist für alle aber eine bittere Frucht. Statt also einen Groll aufkommen zu lassen gegen Ihren Mann, sollten Sie ihn lieber bedauern.«

> »Die Ehe ist gegenseitige Freiheitsberaubung
> in beiderseitigem Einvernehmen.«
>
> *Oscar Wilde*

Motiv 3: Der Ausbruch aus der unglücklichen Ehe

Wenn Ihr Partner fremdging, ist es für Sie lebenswichtig zu wissen, ob Sie selbst etwas falsch gemacht haben. Sie werden gekränkt und wütend sein und das Verhalten des Partners als völlig inakzeptabel empfinden. Und doch wird sich auch bei Ihnen die Frage einschleichen: »Bin ich schuld? Liegt es auch an mir?« Um diese Frage zu beantworten, muss man wissen, wie der Seitensprung einzuschätzen ist. Dient ein sexuelles Verhältnis dazu, die Angst vor Nähe zu bewältigen oder das eigene Selbstwertgefühl zu heben, dann liegen die Ursachen im wesentlichen beim »Seitenspringer«, in seiner Persönlichkeitsstörung – wenn man es hart formuliert. Dies bedeutet, dass der »Betrogene« wenig Einfluss auf das Untreue-Verhalten des anderen hat. Der »Seitenspringer« könnte nur dazu bewegt werden, eine Therapie zu beginnen.

Ganz anders ist dies jedoch bei der unglücklichen Ehe, denn hier entsteht der Seitensprung aus der Störung der Partnerschaft. Und dieser Seitensprung – der mit 60 Prozent am häufigsten ist – weist eine Besonderheit auf: Er ist meist nicht gewollt, nicht geplant, wird häufig eher erlitten, weniger genossen. Der »Seitenspringer« wollte nicht untreu werden und war häufig sogar der Meinung, er würde eine gute Ehe führen. Tatsächlich war seine Ehe in der Anfangszeit meist ganz gut, doch dann kam der Alltag, mit der Zeit wurde die Ehe eine reine Wirtschafts- und Versorgungsgemeinschaft. Oft gibt es keinen Streit, keine offenen Konflikte, jeder hat sich emotional zurückgenommen, die Reibungsfläche solcher Beziehungen ist häufig gering.

Bloß keine Veränderung

Man hat sich arrangiert, lebt nebeneinander her. Typisch ist dann eins: Beide haben Angst vor einem wirklichen Streit, der zum einen den Riss in der Ehe verdeutlichen, zum anderen aber auch die Chance zu einem Neubeginn beinhalten würde. Beide Ehepartner haben resigniert, verzichten auf jede Veränderung. Sie schrauben die Ansprüche an eine Liebesbeziehung herunter und beruhigen sich mit dem Gedanken, dass andere potenzielle Partner auch nicht besser sind, dass man nichts versäumt, wenn man in der Ehe bleibt. Eine sehr gute Freundin mokierte sich allerdings darüber: »Das klingt für mich wie die Sicht meiner Großmutter. Diese hatte vor dem Zweiten Weltkrieg geheiratet und meinte immer zu mir: Was willst Du? Dein Mann trinkt nicht, er schlägt Dich nicht und bringt das Geld nach Hause. Also – bleib bei ihm. Das tat ich natürlich nicht und das hat sie mir lange übel genommen.« Diese Freundin richtete sich nicht nach der Meinung ihrer Großmutter, aber oft haben Familie, Verwandtschaft und Freunde einen erheblichen Einfluss auf unsere Entscheidungen. Viele Menschen wissen, dass das soziale Umfeld sehr ablehnend reagieren würde, wenn sie sich trennen. Die Freundin einer Patientin klagte: »Du willst dich trennen? Du hast doch noch die beste Ehe von uns. Wenn du dich trennst, müssen wir das eigentlich alle auch.« Und so kam es dann auch, es wurde ein Dominoeffekt. In manchen Kleinstädten werden deshalb jene Frauen gemieden, die sich von ihrem Mann getrennt haben. Diese haben die Norm »Man bleibt bei seinem Mann – notfalls geht man eben fremd« nicht eingehalten, sie sind ein Beispiel für ein unkonformes Verhalten und müssen isoliert werden, damit keine Seuche entsteht.

Die Entscheidung

Natürlich ist eine Trennung immer schwierig. Sie mag leicht sein, wenn es schwerwiegende Auseinandersetzungen gibt. Aber wie soll man sich entscheiden, wenn der Ehemann ein netter Kerl ist, der gelegentlich sein Bierchen trinkt, mit ausgebeulten Jeans herumläuft, nachts schnarcht und sich das Essen nicht selbst kochen kann? Selbst wenn im Bett nichts mehr läuft und er sich für die Gedanken seiner Frau nicht interessiert, irgendwie bleibt er doch ein anständiger Kerl! Es bricht einem doch das Herz, wenn man sich nach 20 Jahren von einem solchen Ehemann trennen muss, der uns damals so unbeholfen eine Liebeserklärung machte und von dem wir wissen, dass er uns braucht. Er würde doch glatt mit einer roten und einer blauen Socke zur Arbeit gehen. Wie schwierig für eine liebende Frau eine Trennung sein kann, zeigte vor vielen Jahren ein sehr bewegender Film. »Die Brücken am Fluss« war die Verfilmung des gleichnamigen Romans, in der eine an das öde Landleben gewöhnte Frau mit einem gutmütigen Mann zusammenlebt.

Die Brücken am Fluss

Sie ist nicht unzufrieden, aber die Beziehung zu ihrem Mann ist zur Routine erstarrt, die Leidenschaft längst erloschen. Als sich ihr Mann auf einer Landwirtschaftsausstellung befindet, trifft sie einen Fotografen, der die berühmten überdachten Brücken von Madison County fotografieren will. Er fragt Francesca nach dem Weg, doch dieser ist so schwierig zu finden, dass sie ihn zu der gesuchten Roseman-Bridge begleitet. Sie ist sonst nicht so mutig, aber sie ist fasziniert von der lockeren und weltoffenen Art des Fotografen. Im Gegensatz zu ihrem etwas trägen Mann ist er schlank und behandelt seine Kamera mit fast zärtlicher Achtsamkeit. Und auch er spürt, dass Francesca eine besondere Ausstrahlung hat. Er empfindet sie als schön, schon lange hat sich kein Mann so sehr für sie interessiert, in ihr eine attraktive Frau gesehen.

Normalerweise sitzt sie lesend in der Küche und ihr Mann vor dem Fernseher, und nun lernt sie einen Fotografen kennen, der Fragen stellt, sie bewundert, sich für die Farben des Himmels begeistern kann, der hin und wieder Gedichte schreibt. Ihr Mann will nur gelegentlich mit ihr schlafen, es ist immer schnell vorbei, sie fühlt sich als Frau kaum wahrgenommen. Im Wesentlichen ist sie für ihn eine Geschäftsfrau. Doch dieser Fotograf ist anders. Sie ist sexuell erregt, wenn er sie anschaut, für sie ist er ein Wesen vom anderen Stern. Dieser Mann verkörpert jene Seiten des Lebens, wonach sie sich als Hausfrau und Mutter zweier Kinder lange sehnte: weltoffen, neugierig, am Leben interessiert.

Schließlich bittet sie ihn zum Abendessen ins Haus, und sie fühlt sich immer mehr zu Robert hingezogen. Sie entdeckt ihre verloren geglaubte Emotionalität und trifft sich am nächsten Tag mit ihm wieder, sie kommen sich näher, teilen die Nacht miteinander. Sie hat aber Angst, nur eine seiner vielen Affären zu sein. Doch als Robert sie bittet, sie möge mit ihm kommen, spürt sie, dass er es ernst meint. Tatsächlich ist sie geneigt, ihre Welt der Familie, der Treue und Sicherheit aufzugeben für ein Leben voller Leidenschaft. Doch gefühlsmäßig hin- und hergerissen, entscheidet sie sich für ihren Mann und die Kinder. Sie könne das ihrem Mann nicht antun, begründet sie ihre Entscheidung. Zwar erklärt sie dem Fotografen, dass ihr Leben langweilig sei. »Es geht ihm jegliche Romantik ab, jegliche Erotik: wie ein Tanz in der Küche bei Kerzenlicht, wie das wunderbare Gefühl, einen Mann zu spüren, der weiß, wie man eine Frau liebt. Aber ich habe nun einmal mein verdammtes Verantwortungsgefühl. Meine Verantwortung gegenüber Richard, gegenüber den Kindern. Allein mein Weggehen, ihm meine körperliche Zuneigung zu entziehen wäre eine Katastrophe für Richard. Das allein schon könnte ihn womöglich zerstören.«[23]

Sie bleibt bei ihrem Mann, obgleich es ihr fast das Herz zerreißt und sie bereits nach wenigen Tagen merkt, wie sehr sie den Fotografen geliebt hat. Schließlich stirbt ihr Mann, sie versucht vergeblich den Fotografen zu erreichen, und eines Tages bekommt sie ein Päckchen mit dessen letzten Gegenständen. Ihr wird klar, dass er jeden Tag an sie gedacht hat, ihr gewissermaßen treu war. Daraufhin verfasst sie einen Brief an ihre Kinder, in dem sie ihren Seitensprung erklärt. Dieser Mann habe ihr in vier Tagen ein ganzes Universum geschenkt, sie habe nie aufgehört an ihn zu denken, sie habe es dort nur ausgehalten, weil es ihn gab. Hätte sie dies alles in der gesamten Tragweite verstanden, sie wäre gegangen. Sie habe sich wohl zu rational entschieden. Und nun hat sie einen Wunsch: Sie will diesem Robert nahe sein und möchte, dass ihre Asche an jener Brücke verstreut wird, die er so liebte.

Verantwortung oder Angst?

Dieser Film stellt an jeden von uns wichtige Fragen: Wäre es nicht richtiger gewesen, dass sie ihrem Herzen gefolgt wäre? Ist es nicht falsch, wenn wir zu sehr an andere, zu wenig an uns denken? Sollten wir wirklich immer wieder unsere Ansprüche runterschrauben und nach Sicherheit streben?

Ein Leser schreibt in einer Buchbesprechung, man könne nie alles auf einmal haben, und kommt zu der Einschätzung, diese Frau würde aus Verantwortung handeln, aus Größe. Ich glaube, dass sie auch aus Angst und einem zu großen Verantwortungsgefühl gehandelt hat.

Viele Menschen verleugnen ihre Sehnsucht nach der großen Liebe auch dadurch, dass sie die Ansicht vertreten, Liebe habe etwas mit Schwachsinn zu tun. Die Liebe wird dann zu einem vorübergehenden Seelenzustand erklärt, der zwangsläufig irgendwann endet.

Oder man rät zu Kompromissen, um der Angst vor dem radikalen Neuanfang zu begegnen. So schreibt der Paartherapeut Jürg Willi, nach 20 Ehejahren habe man oft die Schwierigkeit, überhaupt ein neues sinnerfülltes Leben zu beginnen. Und er empfiehlt – falls die Beziehung nicht vollständig destruktiv ist –, man solle weiterhin den gemeinsamen Freundeskreis pflegen und das Ferienhaus zusammen nutzen, nachdem die Wohnungen getrennt wurden und es zu einem Abbruch der sexuellen Verbindung gekommen sei.

Nun mögen Kompromisse manchmal sinnvoll sein. Doch wo bleibt dann die Erotik, was macht man mit seiner Sehnsucht nach Liebe? Müssen wir nicht gelegentlich den Mut zu einem Neuanfang aufbringen? Unser gesamtes Leben besteht doch immer wieder darin, dass wir uns neu entscheiden und orientieren müssen und nicht zu sehr in alten Ritualen verharren dürfen.

Die Angst vor der Versuchung

Es gibt Menschen, die große Angst vor Veränderungen haben. Sie haben bereits davor Angst, dass sie in eine Versuchungssituation geraten könnten, und werden mitunter krank, weil sie die inneren Konflikte nicht ertragen können. Eine meiner Patientinnen spürte durchaus, dass ihre Ehe gescheitert war. Sie war sehr gesellig und traf überall Menschen, mit denen sie ins Gespräch kam. Nun befürchtete sie, dass sie einmal von einem Mann umworben werden könnte. »Was soll ich dann machen? Ich liebe doch meinen Mann, obwohl … Ich bin ja doch nie sehr geliebt worden. Mein Vater war ein russischer Offizier und ist nach meiner Geburt verschwunden. Meine Mutter liebte meinen Bruder mehr als mich. In der Liebe habe ich kein großes Glück gehabt«, sagte sie einmal. Und nun zitterte sie bei dem Gedanken, dass sie ihr kleines Glück verlieren könnte. Denn immerhin: Ihr Mann hielt zu ihr, war für sie da. Allerdings gab es keine Sexualität mehr, keine persönlichen Gespräche, und sie hatte einen großen Lebenshunger. Und so geriet sie allmählich in einen massiven Konflikt zwischen ihrem Lebensdrang und ihrem Sicherheitsstreben und bekam Angstzustände. Sie konnte monatelang die Wohnung nicht verlassen, wodurch sich die befürchteten Versuchungssituationen nicht mehr ergaben.

Diese Angst vor Veränderung ist bei vielen Menschen sehr stark. Sie passen sich an, geben sich mit dem Wenigen zufrieden, das sie in der Partnerschaft bekommen. Sie ertragen selbst einen Partner, der kaum noch mit ihnen redet, der immer sehr spät aus dem Büro kommt. Sie ertragen seine Stimmungen, seine Launen. Sie können sich nicht einfach trennen, schon der Gedanke an eine Trennung und an Konflikte ruft bei ihnen große Ängste hervor. »Was soll ich machen, was soll ich ihm sagen. Ich ertrag das nicht. Ich will keinen Streit«, erklärte eine Physiotherapeutin, warum sie sich nicht trennen würde, obgleich die Ehe sehr distanziert war. Sie hatte sich schon als Kind immer angepasst und versuchte, den Erwartungen anderer gerecht zu werden. Deshalb hatte sie unerträgliche Schuldgefühle, wenn sie nur daran dachte, den Partner zu enttäuschen.

Natürlich sind es nicht nur Schuldgefühle und Ängste, wenn man sich aus einer distanzierten Beziehung nicht trennen kann. Es ist nicht nur Gewohnheit, dass man bleibt. In Jahrzehnten sind kleine, unsichtbare Bindungsspuren gewachsen. Es sind die Gedächtnisspuren der Jahre, in denen man sich geliebt hat. Es sind die überstandenen Krisen, die man damals erfolgreich bewältigte. Es sind die Zeiten der Krankheit, in denen man sich beigestanden hat. Es sind die Aufgaben, die man zusammen bewältigte: Kinder wurden großgezogen, ein Haus gebaut, Ausbildungen abgeschlossen. Man weiß, wie der andere seinen Kaffee trinkt, wie er in Zeiten der Krankheit behandelt werden will. Oft sind es Alltäglichkeiten, die eine Beziehung zusammenhalten. Er erinnert sich daran, wie lange das Frühstücksei gekocht werden soll, sie kennt seinen Atem und spürt genau, wann er wieder Herzbeschwerden hat. Man mag dies als Kleinigkeiten betrachten. »Aber gerade solche Kleinigkeiten stellen die schimmernden Perlen unseres Zusammenlebens dar. Mehr als an den großen Gesten lesen wir an den alltäglichen Kleinigkeiten die Kontinuität der von uns getroffenen Übereinkommen ab.«[24]

Die Schicksalsbegegnung

Doch trotz dieser vielen kleinen Bindungen haben die meisten Ehen unzählige Schwachstellen, wenn das persönliche Gespräch und die Erotik eingestellt wurden. Man ist nicht mehr glücklich miteinander, denn das Glück der Ehe besteht in einer intensiven Begegnung. Dann besteht die Gefahr, dass man einem anderen Menschen begegnet, mit dem es »funkt«. Plötzlich trifft man auf einen Menschen, der die gleiche Wellenlänge hat, und man spürt, dass mit ihm die große Liebe beginnen kann. Sollte man dann nicht den Mut haben, diese Liebe zu leben? Wenn man Mut hat, wird man Erich Fried zustimmen, der einmal schrieb:

> Ich will nicht dorthin kommen
> wo an der Stelle
> der erschöpften Liebe
> die Gleichgültigkeit
> sich breitmacht

Vor allem Frauen sieht man an, wenn sie nicht mehr vollständig gebunden sind: Sie wirken unruhiger, auch etwas trauriger als jene Menschen, die in einer festen Beziehung verwurzelt sind. Alleinstehende Männer spüren dies häufig genau und senden nun kleine Beziehungssignale aus. Und sie registrieren, dass diese Frauen reagieren wie ein »trockener Schwamm«. Denn sie sind dankbar für jede Anerkennung, dafür, dass man sie endlich wieder beachtet und wertschätzt. Und daraus entwickelt sich oft eine intensive Begegnung, die eine große Gefühlstiefe beinhalten kann, auch wenn es keine Sexualität, keine Liebeserklärung gibt. Gewissermaßen berühren sich zwei Seelen, sie fangen an zu zittern, weil sie sich erkannt und verstanden fühlen, und spüren, dass ihr Alleinsein, ihre Einsamkeit ein Ende hat. Für beide Beteiligten ist ein solcher Vorgang natürlich eine große Gefahr. Wer sich noch in einer Partnerschaft befindet, wird misstrauisch sein. Handelt es sich bei dem anderen nur um einen Jäger, ist er auf schnelle Eroberung aus, will er nur ein schnelles Abenteuer? Man kennt das Unglück in der gegenwärtigen Partnerschaft sehr gut, soll man es gegen ein Unglück eintauschen, das möglicherweise noch größer ist? Also wird man beobachten, abwarten, und dann wird man sehr deutlich spüren, ob der andere es ernst meint. Wer sehr stark verliebt ist, ist nicht souverän, ist gelegentlich verunsichert, sogar ängstlich. Dies merkt man seiner Stimme, seinen Gefühlen an, er handelt nicht wie ein Automat, auch nicht wie ein Don Juan. Wenn es um das eigene Leben geht, wenn man mit Haut und Haaren liebt, wird man gelegentlich auch blass, schüchtern, fängt an, rot zu werden, und stammelt.

Und je mehr sie dann von seinen ernsten Absichten überzeugt ist, wird sie immer stärker in seinen Bann geraten. Fast entschuldigend meinte eine 45-jährige Beamtin: »Ich sah ihn und wusste, er wird mein Leben verändern. Wie er schaute, was er sagte. Er hatte so schöne Augen, eine schöne Stimme, warme Hände …Ich war ganz aufgeregt und träumte wild. Am Anfang war ich skeptisch, stellte viele Fragen, schaute sehr genau hin. Aber schon nach 14 Tagen wusste ich, dass ich zu allem bereit war. Das war wie ein Sturm, ich war völlig wehrlos. Darauf war ich nicht eingestellt.« Eine solche Liebe ist so überwältigend, dass nicht nur anrührende Gespräche stattfinden, auch die Leidenschaft ist neu entfacht und die Sexualität wird wieder gelebt.

Das Doppelleben

Nun beginnt ein Doppelleben. Er liegt nachts neben seiner Frau und denkt ständig an seine Geliebte. Sie frühstückt mit ihrem Mann und isst die Marmelade, die er ihr geschenkt hat. Er sitzt mit seiner Frau auf dem Rasen und liest das Buch, das seine Geliebte empfohlen hat. Auf Dauer ist dieses Doppelleben nicht zu ertragen. Aber ängstliche Männer und Frauen versuchen oft lange Zeit, es aufrecht zu erhalten. Ich habe dafür durchaus Verständnis: Es ist oft der Versuch, das Bewährte zu bewahren und trotzdem die leidenschaftliche Liebe zu leben. Man will das Alte nicht aufgeben und trotzdem das Neue gewinnen. Und doch ergeben sich nach einer gewissen Zeit so massive Probleme, dass eine Neuorientierung notwendig ist.

Um das Leben wieder zu finden

Die Neuorientierung braucht viel Zeit. Meist ist ja die Ehe nicht vollständig unerträglich. Sicher, oft ist man sehr desillusioniert und vieles ist eingeschlafen, zum Stillstand gekommen, und man hat sich daran gewöhnt. Doch reicht das als Trennungsgrund? Will man wirklich einen Neuanfang wagen? Aber diese Fragen kann man nicht in Ruhe klären. Denn immerfort spürt man, dass man mit jedem Tag stärker in den Bannkreis der neuen Liebe gerät, dass man diesen Prozess nicht mehr kontrollieren kann. So erging es auch einer Krankenschwester, die seit 18 Jahren verheiratet ist. Sie beschrieb ihre Ehe als durchschnittlich und meinte: »Ich mag meinen Mann, er ist ein netter Kerl. Ich kann nichts Schlechtes über ihn sagen. Er ist immer da. Natürlich ist die Erotik nicht mehr wie früher. Und wir reden auch wenig miteinander. Er interessiert sich für Technik, das ist nicht meine Welt. Und so tauschen wir uns über den Alltag aus: Wer kauft ein, wir sprechen über die Kinder … irgendwie ist es ein wenig fad …« Dann lernte sie bei der Arbeit einen Kollegen kennen und sie spürte bald, dass er sich für sie interessierte. Er sprach immer häufiger mit ihr, erinnerte sich an vieles, was sie erzählt hatte. Sie spürte, dass sie für ihn eine große Bedeutung hatte, er brachte ihr fast jeden zweiten Tag eine Kleinigkeit mit: Blumen, etwas Konfekt, ein kleines Buch … Schon morgens freute sie sich darauf, ihn zu sehen. Und sie fing an, über sich zu berichten: was sie erlebte, was sie bedrückte, von ihrer Kindheit, den Kindern. Am Anfang war sie über diese Gespräche sehr irritiert, sie wusste nicht, wo das alles enden sollte. Nach einem Monat besuchte sie ihn in seiner Wohnung, nach zwei Monaten lag sie mit ihm im Bett. Sie war sehr gläubig, litt unter Schuldgefühlen und sagte mir immer

nur: »Ich konnte nicht anders, am Anfang hätte ich mich zurückziehen müssen und das wollte ich nicht. Aber alles was
dann kam, hatte ich nicht mehr unter Kontrolle.«

Die umfassende Begegnung

Es würde den meisten Frauen relativ leicht fallen, eine vor-
wiegend sexuelle Annäherung zurückzuweisen. Doch sie
sind hilflos, wenn eine »Berührung« zustande kommt, die
auch den seelischen und geistigen Bereich umfasst. Oft
wächst dann eine sehr leidenschaftliche, fast verzweifelte
Liebe, die von dem unbefriedigten Lebenshunger gespeist
wird. Und dies verändert diese Frauen so stark, dass irgendwann trotz aller Geschicklichkeit auch die Freunde, die Verwandten und vor allem der Mann misstrauisch werden müssen. Dann spitzt sich die Situation zu und die Frauen ahnen,
dass sie eine Entscheidung treffen müssen. Auf den Liebhaber können sie nicht verzichten, sie würden in eine Depres-
sion stürzen, wenn sie ihn aufgeben müssten. Aber sie haben
auch Schwierigkeiten, sich für den Liebhaber zu entscheiden.
Denn dies würde nicht nur bedeuten, dass sie unerträgliche
Trennungsgespräche mit ihrem Mann führen müssen. Dass
sie sich gegenüber den Schwiegereltern und manchen Freundinnen rechtfertigen müssen (»Dass du so naiv bist und dich
trennst, das hätte ich nicht gedacht«). Sie müssen vor allem
den Mut haben, über eine Schlucht zu springen. Auch wenn
sie den Liebhaber schon lange kennen, ist ein Neuanfang immer wie ein Sprung ins Ungewisse. Insofern ist dies für alle
Beteiligten ein spannender, aufreibender Entscheidungsprozess. Frauen werden in dieser Phase oft krank, schieben die
Entscheidung hinaus – finden aber in dieser Krankheit auch
stärker zu sich, ziehen sich von beiden Männern zurück.
Denn sie brauchen Ruhe, müssen die eigene innere Stimme
hören, um sich entscheiden zu können. Und es ist wichtig,
dass sie gute Freunde kennen, die vorurteilslos zuhören und
beraten können, damit sie ihren eigenen Weg gehen können.

Zwischen Baum und Borke

Leicht ist dieser Weg nicht. Denn meist stehen diese Frauen regelrecht »zwischen Baum und Borke«. Irgendwie lieben sie noch ihren Mann – trotz aller Schwierigkeiten und Probleme – und gleichzeitig haben sie ein Verhältnis mit einem Mann, den sie lieben und begehren. Das ist für empfindsame Frauen keine Dauerlösung. Denn sie spüren, dass mit dieser »Lösung« keiner so recht glücklich ist. Langfristig ist es kein tragfähiges Modell. Dennoch kann ein solches Doppelleben über einen längeren Zeitraum hinweg notwendig und sinnvoll sein kann. Es ist in dieser Zeit vor allem notwendig, dass die betreffenden Frauen lernen, an sich zu denken. In einer Therapiesitzung klagte eine Krankenschwester, die ich bereits erwähnte, sie habe beide Männer unglücklich gemacht: »Ich treffe mich regelmäßig mit einem anderen Mann, schlafe auch mit ihm, mag ihn sehr. Ich spüre, dass er manchmal richtig durcheinander ist. Dass er unter dieser Situation leidet. Und ich liebe noch immer meinen Mann, weiß nicht, warum ich das tue. Ich mache doch alle unglücklich.« Eines fiel mir in dieser Situation auf: Sie dachte an beide Männer, wollte sie glücklich sehen, aber sie dachte nicht an sich. Nie überlegte sie, wo sie selbst glücklich werden konnte, welcher Mann vielleicht besser zu ihr passte. Sie hatte ihre eigenen Bedürfnisse verdrängt, nahm Konflikte nicht mehr wahr, konnte sich nicht mehr ausmalen, wie ihr Leben in 20 Jahren aussehen könnte. So ist es wichtig, dass vor allem Frauen in dieser Zeit sich nicht sehr schnell für einen der beiden Männer entscheiden, sondern vor allem für sich selbst.

»Kein Feuer, keine Kohle kann brennen so heiß
Als heimliche Liebe, von der niemand nichts weiß.«

Volkslied

Das Leiden der Geliebten

In den letzten Jahren kamen zunehmend Frauen zu mir in die Therapie, die ein Verhältnis mit einem Geschäftsmann oder einem Politiker begonnen hatten. Fast immer war der Anfang ähnlich. Der Mann war verheiratet, erzählte, wie schlecht seine Ehe sei, dass er sich trennen wolle, und begann ein Liebesverhältnis mit einer meist jüngeren Frau. Wütend berichtete mir eine Sekretärin: »Was bin ich blöd gewesen, da hat er mir am Anfang erzählt, seine Ehe wäre schlecht, seine Frau würde ihn nicht verstehen, blablabla, er hat sich dann bei mir ausgeweint, wir landeten nach einer Flasche Rotwein im Bett. Und nun bin ich seit drei Jahren seine Geliebte. Er denkt natürlich nicht daran, sich von seiner Frau zu trennen. Er hat zwei Kinder, ein Haus. Und er kommt aus einer süddeutschen Kleinstadt, ist in der Öffentlichkeit bekannt. Bisher konnte er immer sagen, ich bin seit 20 Jahren verheiratet. Aber ich war überzeugt, dass ich die bessere Frau für ihn wäre, fand ihn toll und ging mit ihm ins Bett. Und anfänglich war es wirklich schön. Doch dann merkte ich, dass er immer wieder mit ihr telefonierte. Ich hätte platzen können vor Wut.« Ich konnte verstehen, dass sie sich lange so fühlte, als wäre sie seine Partnerin. Denn oft verbringt die Geliebte mehr Zeit mit dem Ehemann als die Ehefrau. Und doch gibt es Situationen, in denen sich der Geliebten der Magen umdreht, in denen ihr bewusst wird, dass sie nur die »Zweite« ist. Jeden Jahresurlaub verbringt er mit seiner Familie: Ostern, Weihnachten, Silvester ist er bei Frau und Kindern. Und wenn er krank ist, wird er von seiner Ehefrau gepflegt. Das ist eine sehr kränkende Situation; sobald es irgendwelche Probleme gibt, wird die Geliebte weggeschoben. Ist das Kind in einer Krise, der Keller überflutet oder das Dach undicht – die Geliebte ist immer nur Zaungast und muss warten, da es sich um eine Schönwetterbeziehung handelt.

Die Enttäuschung

Spätestens nach einigen Monaten wird die Geliebte spüren, dass ihre Hoffnungen auf eine verbindliche Beziehung vergeblich sind. Dabei ist es durchaus möglich, dass die Geliebte eine partnerschaftsähnliche Beziehung mit einem verheirateten Mann führt. Viele Männer in führender Position pendeln beispielsweise zwischen Berlin und Bonn bzw. Köln hin und her, sie sehen die Familie meist nur am Wochenende und im Urlaub und leben von Montag bis Freitag mit der Assistentin oder Sekretärin zusammen. Diese begleitet ihn oft zu Kongressen und es bildet sich zunehmend nicht nur eine erotische, sondern eine feste Liebesbeziehung. Das können sicher auch jene Menschen verstehen, die sonst für Treue plädieren. Wer jeden Wochentag abends allein in seinem kleinen Apartment sitzt, wird entweder zum Alkoholiker oder er begeht irgendwann einen Seitensprung. Fast keine Beziehung hält ohne Schaden eine Abwesenheit aus, die länger dauert als zwei Jahre. »Die Gegenwart ist eine mächtge Göttin«, hat Goethe einmal gemeint. Fehlt diese Gegenwart des Partners, wird irgendwann der Wunsch nach einer intensiven Begegnung übermächtig. Es wäre konsequent, dann die Familie nachkommen zu lassen oder wieder zum Ort der Familie zurückzukehren. Doch wegen der Karriere, der Kinder, der Berufstätigkeit der Frauen oder der kranken Eltern geht dies oft nicht, und so bleibt der Ausweg des Seitensprungs. Und dann liegt es bei Politikern und Managern nahe, dass sie eine Affäre mit ihrer Sekretärin oder Assistentin beginnen. Zu ihr haben sie durch den Beruf ohnehin ein sehr enges Verhältnis und diese Beziehung hat den Vorteil, dass man sich gelegentlich in der Öffentlichkeit zeigen kann, ohne dass ein Verdacht aufkommt. Ansonsten muss die Geliebte immer damit leben, dass sie versteckt und verleugnet wird. Und das Schlimme an dieser Rolle ist: Nach einer gewissen Zeit hat sie dafür Verständnis, sie schaut dann selbst, dass sie ihr Auto nicht direkt vor seinem Haus parkt, hakt sich auf der Straße nicht unter, küsst ihn nicht am Strand – man weiß ja nie …

Er hat mich abgehängt

Sie verbringt viel Zeit mit ihm, ist seine wichtigste Vertraute und kann sich damit beruhigen, dass er die meisten Tage und Nächte mit ihr verbringt. Dennoch wird sie spüren, dass die Ehefrau faktisch die Nr. 1 ist. Wenn die Ehefrau Termine einfordert, hat sie immer Vorrang. Das musste auch die bereits erwähnte Sekretärin erfahren, die sich in ihren Chef verliebt hatte: »Ich war so viel mit ihm zusammen, eigentlich waren wir ja wie verheiratet. Aber dann kam sie nach Potsdam, wollte ihren Mann besuchen. Daraufhin sagte er alle Termine ab. Plötzlich waren alle Gegenstände von mir verschwunden, ich konnte hinterher meine Zahnbürste, meine Schminksachen suchen, alles war versteckt. Vorher hing ein Bild von mir an der Wand. Das hat er natürlich abgehängt. Er hatte noch nicht einmal den Anstand, es hinterher wieder hinzuhängen. Deutlicher hätte er mir nicht zeigen können, dass ich nur die Zweite in diesem kränkenden Spiel war. Und zu Silvester litt ich entsetzlich. Ich kaufte mir eine große Flasche Champagner und stellte mir vor, wie die beiden sich küssen würden. Eine Freundin sagte mir damals, ich sollte mich nicht so anstellen. Sie war mit einem sehr distanzierten Mann verheiratet und beneidete mich wohl, weil der Sex mit meinem Geliebten ziemlich toll war. Aber Weihnachten und Silvester, das war die Hölle.«

Noch schwieriger ist natürlich die Situation der Geliebten, wenn der Mann sehr selten, nur ein- bis zweimal im Monat kommt. Dann handelt es sich im Allgemeinen um eine fast ausschließlich sexuelle Beziehung. Man unternimmt nichts zusammen, trifft sich so gut wie immer in der Wohnung. Meist wollen dann die Frauen die Beziehung erweitern. Sie arrangieren die Treffen so, dass es eben nicht nur eine erotische Beziehung ist. Sie kochen, die Beziehung wird durch kleine Gespräche eingerahmt, man schaut sich zusammen das Bilderalbum an: Eine Arzthelferin nannte dies das »Kulturprogramm«. Alles wirkt dann so wie eine Partnerschaft. Allerdings dauert das kaum länger als zwei Stunden, denn eine solche Beziehung muss dem Leben des gebundenen Partners abgerungen werden. Er muss eine gute Ausrede finden, um gelegentlich eine Auszeit zu nehmen. Und meist ist er darauf bedacht, dass keine wirkliche Bindung entsteht. Er verabredet sich also im Allgemeinen nicht für das nächste Mal. Er kommt erst dann wieder, wenn seelisch das letzte Treffen ein wenig verblasst ist. Gerade an dieser Unverbindlichkeit leidet die Geliebte. Das mag in den ersten Wochen und Monaten noch gut gehen. So berichtet eine 43-jährige Lehrerin: »Am Anfang war es durchaus toll. Die Sexualität wurde immer schöner, ich fühlte mich in seinen Armen geborgen, er war zärtlich und zugleich kraftvoll. Ich spürte, dass er auch um mich warb, mir liebe Sachen ins Ohr flüsterte, meinen Körper erkundete. Er gab sich Mühe. Da war eine Entwicklung drin. Ich habe dies in die Zukunft hineingeträumt und dachte, dass er irgendwann mein Mann werden würde. Aber für ihn war das wohl mehr eine Eroberung oder Investition. Jedenfalls ließen seine Bemühungen doch nach, es wurde fast ein wenig Routine. Er kam, zog sich aus, wir schliefen miteinander, er zog sich an und ging wieder.«

Spätestens nach mehreren Monaten beginnt das ewige Leiden der Geliebten. Wenn sie sich mit ihm getroffen hat, wird sie nach einer Woche ungeduldig, nach zwei Wochen wütend – wenn er sich dann nach drei Wochen meldet, ist sie bereits dermaßen zermürbt, dass sie auf alle Wünsche eingeht. Sie ist nur noch froh, dass er die Beziehung nicht beendet hat. Wenn sie dann mit ihm schläft, zeigt sie ihm mit jeder Faser ihres Körpers, dass sie ihn liebt, zeigt ihr Verlangen, ihre Dankbarkeit, dass es ihn gibt. Für ihn hingegen ist es mehr eine sexuelle Begegnung. Am Anfang hat er sich noch Mühe gegeben, erst waren es Blumen, dann Konfekt, schließlich Bücher, ab und an flatterte eine Urlaubskarte ins Haus, und sie wusste, wo er zusammen mit seiner Frau die Urlaubstage verbrachte. Ihre Wohnung ähnelt einem kleinen Tempel, in einer Ecke steht der längst vertrocknete Rosenstrauß. An einer Pinnwand sind säuberlich die Postkarten befestigt, überall gibt es kleine Mitbringsel. Doch längst hat er keine Blumen mehr mitgebracht, die vielen Aufmerksamkeiten gehören der Vergangenheit an, aber sie hat sich abgewöhnt ihm Vorwürfe zu machen. Das hat keinen Sinn, denn dann kommt er vier Wochen lang nicht. Und auch Schuldgefühle vermittelt sie ihm nicht, es war sinnlos, wenn sie abmagerte, weil sie nichts aß. Er bezog das nie auf sich.

Zwei Drittel aller Geliebten versuchen immer wieder, sich zu trennen. Anfänglich setzen sie sich einen Schlusspunkt. Spätestens am Ende des Jahres muss er sich entscheiden – sagen sie sich. Mindestens einmal im Jahr unternehmen sie einen Trennungsversuch. Doch nur ein Drittel der Frauen schafft es, sich zu trennen. Oft haben sie keine Alternative: Es ist kein anderer attraktiver Mann in Sicht und ganz wollen sie auch nicht auf Liebe verzichten. In diesem Sinne sind sie abhängig von einem Mann, von dem sie zu viel Liebe und Anerkennung bekommen, um sich trennen zu können. Gleichzeitig bekommen sie zu wenig Anerkennung und Liebe, damit es ihnen wirklich gut geht. Der alte Spruch »zu wenig zum Leben, zu viel zum Sterben« trifft hier auf eine tragische Weise zu. Außerdem haben sie sich von vielen Freunden zurückgezogen. Oft können sie mit den Freunden nicht über die Beziehung reden, unterliegen der Schweigepflicht, können sich mit dem Geliebten auch nicht in der Öffentlichkeit blicken lassen und geraten so ins soziale Abseits. Zudem wird der Mann sein Werben vorübergehend verstärken, wenn er spürt, dass er verlassen werden könnte.

Die aufregende Ausnahmebeziehung

Etwas günstiger ist natürlich die Konstellation, wenn der Geliebte regelmäßig kommen kann. Viele Geschäftsleute besuchen regelmäßig ihre Geliebte, kommen an jedem Donnerstag oder Freitag vorbei, bleiben einige Stunden, bauen die Schäferstündchen fest in ihr Leben ein. Dies hat für die Frauen zumindest den Vorteil, dass sie nicht unnötig warten, dass sie sich innerlich fest auf das nächste Treffen einstellen können. Und doch sind solche Treffen so kurz, dass keine wirkliche Vertrautheit entstehen kann. Es wird kein Alltag gelebt, zu dem es auch gehört, dass jeder seiner eigenen Beschäftigung nachgeht und man sich quasi im Vorübergehen berührt. Diese Form mittlerer Nähe erlebt die Geliebte fast nie, sie kennt immer nur die absolute körperlich-seelische Nähe und leidet anschließend unter dem Abstand. Und sie kennt natürlich auch nicht die entspannten Stunden im Bett, bevor man einschläft. Wenn jeder noch ein Buch liest und doch bereits die Hand ausstreckt und den anderen liebevoll streichelt. Wenn man noch kurz miteinander redet, einschläft und das Atmen des anderen hört, falls man kurz in der Nacht aufwacht.

Seitensprung-Beziehungen kennen keine Ruhe und keine Gewöhnung. Man ist stets in einem Zustand des Außergewöhnlichen, der Idealisierung und Inszenierung. Die Geliebte gibt sich immer Mühe, wenn er kommt. Sie bereitet sich so gründlich vor, als würde sie in die Oper gehen. Eine Verkäuferin berichtete mir: »Ich habe mir schon einen Tag vorher überlegt, was ich anziehe, kam in einen Erregungszustand. Ich machte Essen, stellte Blumen hin, alles war geplant. Es war wie eine Feier, und wenn er dann kam, war ich ganz aufgeregt. Er musste mich nur anschauen, dann lief mir ein Schauer den Rücken herunter. Wenn er mich berührte, empfand ich oft einen elektrischen Schlag, so aufgeladen war ich. Ruhig war ich eigentlich erst, wenn er wieder ging.«

Das Zusammenleben mit einem Mann mag manchmal langweilig sein, aber die Routine des Ehealltags hat auch etwas sehr Beruhigendes. Man weiß, dass man zum anderen gehört, kann die Zukunft planen, sich auch in Krisen auf ihn verlassen. Diese Sicherheit kennt die Geliebte nie. Deshalb meinte auch diese Verkäuferin: »Ich habe mir zwar immer gesagt: Du hast das Beste an ihm. Du ärgerst dich nicht, wenn er morgens Zeitung liest. Du ärgerst dich nicht, wenn er schnarcht. Du ärgerst dich nicht, wenn er immer die gleichen Witze erzählt und doch erwartet, dass man lacht. Für mich war die Beziehung immer wieder aufregend. Aber ich hätte alles darum gegeben, wenn ich mit ihm hätte verreisen können. Ich hätte einmal mit ihm frühstücken wollen. Wie gern wäre ich dabei gewesen, als er zu Tante Erna ging, wo es den berühmten Stachelbeerkuchen gab. Gewiss: Er spöttelte darüber, dass man sich über das Wetter, Krampfadern und das Altwerden unterhielt. Aber ich wäre gern dabei gewesen. Das wäre so etwas Normalität gewesen. Bei mir – das ist immer ein Knaller, aber mit Knallern kann man nicht immer leben. Ich habe mal davon geträumt, dass er nebenan sitzt: Er macht seine Steuererklärung, ich lese ein Buch. Und dann hätte ich ihm einen Kaffee gebracht, davon habe ich geträumt.«

Die aktiven Frauen

Kennen Sie auch diese Sehnsucht nach dem Alltag in der Liebe? Oder verspüren Sie eher den Wunsch nach Freiheit, nachdem Sie 21 Jahre verheiratet waren? Dann können Sie sicher auch Frauen verstehen, für die es durchaus befriedigend ist, die Rolle einer Geliebten zu haben. Oft handelt es sich um Frauen, die ihre Freiheit lieben, nachdem sie sich für die Familie und ihren Mann aufgeopfert haben. Vor allem Frauen, die älter sind als 45 Jahre, bleiben oft in der Rolle einer Geliebten. Denn wo gibt es noch attraktive Männer, die sich für sie entscheiden würden? Man trifft in diesen Jahren leichter einen Löwen als einen vernünftigen Mann – wird behauptet.

Wenn man das Gleichgewicht verliert

Ich gehe hier vor allem auf die Problematik der Frauen ein, weil sie stärker als Männer gefährdet sind, die Rolle der Nr. 2 auszuhalten. Sie sind meist sehr bereit, Kränkungen zu ertragen, und lieben auch dort mit voller Leidenschaft, wo der Mann zögert. Oft redet sie sich die Situation schön und weiß, dass sie nichts fordern kann, keine Ansprüche haben darf und doch sehr werbend sein muss, um eine Chance zu haben. Sie muss vor allem warten, bleibt immer in einem Stadium der Unsicherheit. Dadurch verliert die Geliebte natürlich das seelische Gleichgewicht. Sie ähnelt einem Menschen, der immer nur aus dem Fenster schaut, sich nie ruhig in den Sessel setzen und die innere Wohnung genießen kann. Sie ist ständig emotional »unterzuckert«. Vergeblich versucht sie, sich an das wenige zu gewöhnen, was sie bekommt, und befindet sich fortwährend in einem Ausnahmezustand.

Die Geliebte investiert ständig mehr, als sie bekommt. Denn sie möchte mehr erreichen als der Mann: Sie strebt eine feste Beziehung an, er sehnt sich nach der Sexualität. Darüber wird allerdings selten gesprochen. Meist respektiert die Geliebte, dass er bei dem Thema ›Zukunft‹ sehr ausweichend ist. Sie weiß nie, ob aus dem Verhältnis wirklich eine feste Partnerschaft entsteht. Fast immer entsteht in dem Verhältnis ein Tauziehen. Die Geliebte will eine verlässliche Beziehung, während der Doppellebende mit dem gegenwärtigen Zustand oftmals halbwegs zufrieden ist. Und er wird vielleicht prüfen, ob er die Geliebte zur Dauerpartnerin macht. Dazu muss sie vor allem zuverlässig sein, ihm Sicherheit vermitteln, denn diese Rolle hatte bisher die Ehefrau inne. Der Doppellebende fragt sich also, ob es wirklich ratsam ist, die aufregende Liebe und die beständige Sicherheit in einer Person zu vereinen. Und nun passiert das Unglück. Indem er zögert und zaudert, verletzt er seine Geliebte und diese verhält sich nun so, dass sie keine Sicherheit mehr ausstrahlt. Dies ist der Geliebten meist durchaus bewusst. Sie befindet sich in einer strategisch äußerst ungünstigen Situation. Denn der begehrte Mann hat meist Angst vor einer radikalen Veränderung und verhält sich zurückhaltend. Deshalb ist die Geliebte immer ohnmächtig und erleidet im Laufe der Zeit eine unerträgliche Selbstwertkrise.

Das Bauernopfer

Gleichzeitig muss die Geliebte immer Angst haben, dass sie nur ein Katalysator ist. Beim Schach würde man sagen: ein Bauernopfer. Es kann sein, dass sich die Ehepartner nur auseinandergelebt haben. Dann kann die Geliebte einen emotionalen Prozess in Gang bringen. Der Ehemann wird wieder lebendig, fängt an, sich wieder zu spüren, und geht manchmal wieder stärker auf seine Frau zu. Das mag man als Verrat an seiner Geliebten ansehen. Diese hat ihn beschenkt, er hat durch sie zur Liebe zurückgefunden und davon profitiert nun die Ehefrau. Man mag dies als gemein betrachten, aber das ist das Risiko der Geliebten. Oftmals ist sie eine Medizin zur Behebung der Partnerschaftsschwierigkeiten. Oder sie dient dazu, die Defizite auszugleichen, und stabilisiert damit die Beziehung.

Vor allem Männer können sich schwer entscheiden und haben Angst vor einem Wechsel. Ein Wagnis ist ein solcher Wechsel immer. Die bisherige Partnerin hat auch positive Eigenschaften, die Geliebte verfügt über irritierende Angewohnheiten. Leider gibt es eben nicht die Möglichkeit, die Persönlichkeiten beider Frauen zu mischen, sich auf Dauer mit beiden zu arrangieren. Denn eine solche Doppelbeziehung lässt sich nicht dauerhaft leben, falls es nicht nur eine sexuelle Beziehung ist. Irgendwann müssen sich die Männer (und Frauen) entscheiden, aber es gibt keine Garantie dafür, dass er dann die Geliebte wählt, die so viel investiert hat.

Das Risiko für Frauen in der Rolle der Geliebten ist immer so hoch, dass sie letztlich »draufzahlt«. Häufig wird sie vor allem in den partnerschaftsähnlichen Beziehungen zerrieben. Und das passiert oft, denn mehr als die Hälfte aller Seitensprünge, die ich in den letzten Jahren als Psychotherapeut begleitet habe, dauerten länger als ein Jahr. Und bei diesen Beziehungen zeigte sich ein eklatanter Unterschied zwischen Frauen und Männern.

Wenn Männer fremdgehen, suchen sie meist eine Geliebte. Sie wollen ein sexuelles Verhältnis und denken nicht daran, ihre Partnerschaft irgendwann zu beenden. Um die Geliebte zu binden, berichten sie aber von ihrer schwierigen Ehe und vermitteln ihr die Hoffnung auf eine feste Liebesbeziehung. Moralisch gesehen betrügen sie die Geliebte, die natürlich zunehmend fordernder wird, denn sie erwartet, dass sich der Mann von seiner Ehefrau trennt.

Frauen sind diesbezüglich fast immer konsequenter und aufrichtiger. Dem Geliebten sagen sie am Anfang eher, dass er nicht mit einer festen Bindung rechnen kann. Dann wird die Beziehung zu dem Geliebten intensiver, man tauscht mehrfach am Tag eine SMS aus, telefoniert, schreibt sich, sieht sich zwei- bis dreimal in der Woche. Schließlich ist diese Bindung intensiver als die Ehe, und wenn sie länger dauert als ein Jahr, entscheiden sich 55 Prozent der Frauen für ihren Liebhaber, aber nur 25 Prozent der Männer.

Wie kommt es, dass die Männer oft in einer Ehe verbleiben, die sie selbst als nicht befriedigend empfinden? Zunächst einmal bin ich der Ansicht, dass zu jeder Trennung ein gewisser Mut gehört. Man muss gelegentlich im Leben »springen« können.

Allerdings ist ein solcher Neuanfang schwierig. Und er ist immer ein Risiko. Man kann eine Geliebte noch so lange kennen, man weiß nie, wie sie sich in einer Dauerbeziehung verhalten wird. Und ein Mann weiß auch nie, wie die Ehefrau auf die Beichte (»Ich habe eine Geliebte und will mich trennen«) reagiert. Deshalb sind viele Männer geneigt, den Status quo beizubehalten. Zu Hause die Ehefrau, die sich um Haus und Kinder kümmert. Und einmal in der Woche die Geliebte. Ein solches Doppelleben erscheint den meisten Männern einfacher als eine Neuorientierung.

Männer sind wesentlich weniger entscheidungsfreudig als Frauen, die sozial und emotional erheblich besser abgesichert sind. Während nur ein Drittel aller Männer über eine gute Freundschaft verfügt, sind es zwei Drittel aller Frauen. Und da Frauen eher für die Pflege der Familienbeziehungen und auch für die Kindererziehung zuständig sind, ergeben sich für sie zahllose Kontakte, die sie auch nach einer Trennung stabilisieren. So ist es zu erklären, dass etwa 60 Prozent aller Trennungen inzwischen von Frauen ausgehen.

Männer sind ängstlich geworden, eine Frau formulierte es kürzlich sogar so: »Männer sind feige. Sie haben Angst vor der Auseinandersetzung mit der Ehefrau, sie haben Angst davor, eventuell am Ende ganz allein dazustehen, sie haben Angst vor der Meinung anderer. Frauen sind wirklich sehr viel mutiger als Männer. Und Männer muten vor allem den Geliebten sehr viel zu. Sie machen sich oft nicht klar, wie sehr diese Frauen leiden, Männer sind doch irgendwie sehr selbstbezogen.«

Diese harte Beurteilung ist nicht ganz falsch. Jedenfalls sind Männer eher fähig, ein Doppelleben zu führen, während Frauen emotional in Beziehungen meist so engagiert sind, dass sie eine solche Rolle auf Dauer nicht durchhalten. Sie spüren, dass sie nicht zwei Männer gleichzeitig lieben können, dass sie beiden letztlich nicht gerecht werden, und so haben sie den inneren Druck, aber auch den Mut sich für *einen* Mann zu entscheiden.

Die therapeutische Unterstützung

Zu Recht können sich Männer – in der Rolle des Geliebten – eine realistische Hoffnung auf eine feste Partnerschaft ausmalen. Doch Frauen sind meist in einer verzweifelten Situation. Ihre Chancen sind schlechter, oft ist die Situation scheinbar ausweglos. Die Strategie der Geliebten »Partnerschaft oder Trennung« ist oft nicht realistisch, weil sie es nicht schaffen, tatsächlich die Konsequenz zu ziehen und ihre Rolle als Nr. 2 aufzukündigen. Also suche ich nach dem dritten Weg und achte in der Therapie zunächst sehr darauf, dass die »Geliebte« ihr soziales Leben genügend entfaltet. Oft ist sie regelrecht auf den verheirateten Mann fixiert, innerlich völlig auf ihn ausgerichtet und hat alle anderen Beziehungen vernachlässigt. Sie muss lernen, mindestens die Hälfte ihrer Sozialkontakte durch Freundschaften, Gruppenbeziehungen und die Verwandtschaft abzudecken, um die Abhängigkeit von dem Mann zu verringern.

Dann ist es sehr wichtig, das Selbstbewusstsein der Geliebten zu stärken, denn es zehrt immer an der Selbstachtung, wenn die Liebesgefühle nie vollständig erwidert werden. Und so gewinnt die Geliebte erfahrungsgemäß so viel Kraft, dass sie sich auch kritisch mit der Gesamtsituation auseinandersetzen kann. Und sie muss sich fragen, ob sie sich nicht auch nach anderen Männern umsehen sollte.

Im Zentrum der Therapie wird jedoch immer auch die Frage stehen, warum sich eine Frau an einen Mann bindet, der sich nicht für sie entscheiden kann. Meist verfügt sie über eine zu große Anpassungsfähigkeit. Sie hatte einen kranken Vater, eine distanzierte Mutter oder einen jüngeren Bruder. Häufig musste sie sich anpassen, musste eigene Wünsche unterdrücken. Sie hat es gelernt, sich mit wenigem zufrieden zu geben. Und so wird sie resignieren, wenn ihr ein Mann nur eine halbe Beziehung anbietet. Doch noch gravierender ist diese Problematik, wenn die Tochter durch ständige Kritik, durch eine kühle Familienatmosphäre, durch massive Forderungen bedrängt und verunsichert wurde. Dann muss sie sich zurückziehen, sie erlebt später jede Nähe als Gefahr, in der sich die schlimmen Erfahrungen der Kindheit wiederholen können. Und so entspricht es oft auch einem Sicherungsverhalten, wenn sich Frauen mit einem ›halben‹ Mann begnügen und in der Rolle einer Geliebten verharren. Hier handelt es sich um eine Angst vor Liebe, die man meist nur überwinden kann, wenn man die Notlage der Kindheit emotional begreift. Dies ermöglicht einen sehr aufregenden Prozess der Neuorientierung, der auch den Wunsch nach Liebe beinhaltet. Deshalb gehört zu der Therapie immer auch das aktive Träumen. »Wie stellen Sie sich eine Partnerschaft, wie stellen Sie sich ihr Leben vor? Malen Sie sich das einmal genau aus«, fordere ich die Frauen auf. Oft steigt in ihnen dann nicht nur Trauer, sondern auch Wut auf, wenn sie merken, wie groß der Abstand zwischen ihrer Wunschwelt und der Realität ist.

Wenn mehr daraus wird

Doch wenn die Geliebte das ersehnte Ziel erreicht und die Partnerin des attraktiven Mannes wird, fangen die Probleme oft erst an. Während der Affäre fand immer eine Idealisierung statt. Beide hatten Sehnsucht nach einander, der oft ernüchternde Alltag der Beziehung blieb ausgespart. Ein Ingenieur war deshalb irritiert, als er sich von der Lebendigkeit seiner Partnerin überfordert fühlte, während er zuvor ihre Spontaneität schätzte, solange sie seine Geliebte war.

Außerdem fängt eine solche Partnerschaft mit einer großen Belastung an. Meist muss die Geliebte mehr als ein Jahr warten, bis sich der Mann für sie entscheidet. In dieser Zeit hat sie viele Kränkungen und Zurücksetzungen erfahren. Es besteht immer die Gefahr, dass sich diese im Bodensatz ihrer Seele abspeichern und in Krisenzeiten wirksam werden. So klagte der Ingenieur: »Immer wenn ich etwas zurückhaltend bin, wirft sie mir das vor. Ich hätte mich schon damals nicht für sie entschieden. Dann kommt alles wieder hoch.«

> »Die Eifersucht schlummert auf dem
> Grunde eines jeden Menschenherzens.«
>
> *Honoré de Balzac*

Die Eifersucht als Warnsignal

Waren Sie schon einmal in einen verheirateten Mann verliebt und waren darüber verwundert, dass die Ehefrau nichts merkte? Oder waren Sie selbst schon einmal untreu und haben sich mit bangem Herzen gefragt, wann Ihr Mann etwas mitbekommt? Sie sind stundenlang weg, kommen mit glänzenden Augen zurück, bringen Blumen mit. Abends kommt regelmäßig eine SMS und Sie zucken fast zusammen, wenn ihr Mann sie berührt. Dennoch fragt er höchstens, ob etwas sei, worauf sie ausweichend reagieren. Warum ist er nicht eifersüchtig? Es mag daran liegen, dass er Sie nicht mehr liebt. Mangelnde Eifersucht weist oft auf eine große Gleichgültigkeit hin. Ihr Mann müsste Sie noch lieben, um seine Eifersuchtsgefühle wahrzunehmen.

Aber man muss nicht nur lieben, um eifersüchtig zu sein. Man muss auch einen Zugang zu seinem Innenleben haben und Kränkungen aushalten können. Es ist sehr kränkend, sich einzugestehen, wie abhängig und verletzlich man ist und dass man vom eigenen Ehepartner betrogen wird. Viele Menschen verdrängen deshalb Eifersuchtsgefühle und erleben es als einen regelrechten Zusammenbruch, wenn sie den Seitensprung der Ehefrau bzw. des Ehemannes realisieren: Der russische Schriftsteller Leo Tolstoi beschreibt eine solche Problematik in dem Roman »Anna Karenina«. Die sehr attraktive Anna ist verheiratet, aber sie liebt Wronskij. Zwar findet ihr Mann ihre Beziehung merkwürdig, aber er ist nicht eifersüchtig, denn für ihn ist Eifersucht ein beschämendes Gefühl. Doch dann kann er diesem Gefühl nicht mehr ausweichen, und nun fühlt er sich wie ein Mensch, der seelenruhig auf einer Brücke über einen Abgrund gegangen ist und plötzlich sieht, dass diese Brücke nicht existiert. Diese Brücke war das künstliche Leben, das er bisher geführt hatte. Und jetzt begann er, sich »vorzustellen, wie seine Frau fühlte, und zum erstenmal versuchte er, sich lebhaft in ihr persönliches Leben, in die Welt ihrer Gedanken, ihrer Wünsche zu versetzen…« und ist zunehmend verunsichert, gekränkt und beginnt, sich an seiner Frau zu rächen.[25]

Wenn man zur Eifersucht nicht fähig ist

Ist mangelnde Eifersucht nicht ein Zeichen von Schwäche? Tatsächlich nehmen viele Menschen die Untreue des Partners nicht mehr wahr, weil sie zu ängstlich sind und im Liebesbereich resigniert haben. Sie können sich nicht trennen, weil sie sich ein Alleinleben nicht zutrauen, weil die finanziellen Verhältnisse es nicht zulassen, weil die Kinder noch nicht erwachsen sind. Und so arrangieren sie sich mit dem Seitensprung, sie schauen weg. Auch dies hat Tolstoi in »Anna Karenina« beschrieben: Der Mann von Dolly geht ständig fremd, sie ist zunächst gekränkt und empört, doch dann arrangiert sie sich: »Eine solche Entdeckung hätte sie jetzt nur des gewohnten Familienlebens beraubt! Sie ließ sich deshalb hintergehen und verachtete ihn, am meisten aber sich selbst wegen ihrer großen Schwäche.« Sie ist nicht mehr eifersüchtig, weil sie nicht mehr liebt, nicht begehrt. Denn solange wir lieben, sind wir eifersüchtig. Und die Eifersucht ist dann ein Warnsignal, das uns zeigt, dass der andere verloren gehen könnte. Deshalb schreibt auch Balzac, nichts sei gesünder und heiliger als die Eifersucht. Sie sei eine Schildwache, die nie schlafen würde, sie sei das Warnsystem der Liebe. Mit Recht wird dem Eifersüchtigen eine große Sensibilität zugesprochen, und Sigmund Freud meinte sogar, der Eifersüchtige habe eine außerordentliche Aufmerksamkeit für das Unbewusste des Partners. Dies traf auch auf ihn zu, in den Briefen seiner Verlobten Martha las er sofort heraus, wenn sie ihm etwas verschwieg. Allerdings hörte er dabei das Gras wachsen und manche Sorge stellte sich dann als Magenstörung seiner Verlobten heraus.

Die Verleugnung der Eifersucht

Fontane schrieb einmal, die Eifersucht würde uns schmeicheln. Und auch Goethe meinte, nur durch Eifersucht würde man die Besitztümer erhalten. Diese durchaus positive Einschätzung der Eifersucht änderte sich vor 40 Jahren während der Studentenbewegung. Man war fest entschlossen, die Engen der Kleinfamilie zu überwinden, die Eifersucht störte hierbei. Die Eifersucht wurde nun als ausschließlich negativer Affekt angesehen und der österreichische Sexualpapst Ernest Bornemann lieferte hierzu die Einschätzung, von Privateigentum freie Kulturen würden keine Eifersucht kennen. Arno Plack sah die Eifersucht als kulturgebundenes Phänomen und meinte, der Eifersüchtige sei in der Kindheit sexuell frustriert worden. Deshalb sei er nicht bereit, dem Partner die notwendige sexuelle Freiheit zuzubilligen. Gewissermaßen leugnete man in jenen Jahren die Berechtigung zur Eifersucht und der Berliner Psychoanalytiker Harald Schultz-Hencke meinte, solche Versuche habe es immer wieder gegeben. Schon um 1930 habe man versucht, die Eifersucht »abzuschaffen«. Dies sei immer von Menschen getragen worden, die infolge eigener Hemmungen ihre Eifersucht verleugneten. Doch die Eifersucht können wir nicht einfach wegschieben. Deshalb schrieb Sigmund Freud, sie sei ein normaler Affektzustand, so normal wie die Trauer. Tatsächlich sind laut jüngerer Umfragen 82 Prozent der Deutschen gelegentlich eifersüchtig. Und diese Eifersucht wird im Allgemeinen (im Unterschied zum Neid) als positiv angesehen, als Liebesbeweis gewertet. In dem Roman »Mitjas Liebe« von Iwan Bunin heißt es daher mit Recht: »Ich aber kann mir Liebe ohne Eifersucht nicht vorstellen. Wer nicht eifersüchtig ist, der liebt meiner Meinung nach auch nicht.«

Die Eifersucht als normaler Affekt

Offenbar weist die fehlende Fähigkeit zur Eifersucht immer auf eine Störung hin. Aber gibt es nicht auch Menschen, die eine Neigung zur Eifersucht besitzen? Kann nicht bei ihnen die Eifersucht sogar ein Persönlichkeitsproblem sein? Dies wird deutlich, wenn man zum Beispiel die massiven Eifersuchtsgefühle von Theodor Fontane betrachtet. Sie beruhten darauf, dass er sich die Fähigkeit absprach »je ein Weib glücklich zu machen«. Seine Zweifel legten sich erst, als er geheiratet hatte. Und selbst der Begründer der Psychoanalyse, Sigmund Freud, war in seiner Verlobungszeit so eifersüchtig, dass er an seine Martha schrieb, er spiele manchmal mit dem Gedanken, die Welt zu zertrümmern. Die Eifersucht beinhaltet oft einen starken Wutaffekt, den man nur verstehen kann, wenn man die tiefe Verzweiflung jener Menschen kennt, die um die Liebe ihres Partners fürchten. Für sie wäre es der Weltuntergang, wenn der Partner fremdgeht. Insofern ist der derart Eifersüchtige mehr mit sich als mit dem Partner beschäftigt und ist von daher kaum in der Lage, geschickt mit der Situation umzugehen.

Eifersucht und Herrschaft

Geht es bei den massiven Eifersuchtsgefühlen wirklich um Liebe? Oder ist es eher der verzweifelte Versuch, einen Menschen fest an sich zu binden? Natürlich ist in jeder Eifersucht die Sorge um die Zukunft der Liebe enthalten, aber letztlich geht es mehr um eine Form der Abhängigkeit. Dabei ist es durchaus möglich, diese Eifersüchtigen zu verstehen. Meist wurden sie in der Kindheit massiv enttäuscht, gedemütigt und verletzt. Sie glauben nicht an die Verlässlichkeit von Menschen, wittern überall Verrat und sind deshalb extrem misstrauisch. Und sie sind dadurch auch nicht in der Lage, dem Partner genügend Freiheit zu geben und ihn zugleich liebevoll an sich zu binden. Denn es gibt eine Fessel der Liebe, die bei den meisten Menschen ungemein wirkungsvoll ist.

»Ich bin so nett zu Frauen, interessant und vor allem liebenswürdig, dass mich kein anderer Mann übertreffen kann. Mich
bekommt keine Frau aus dem Kopf – glaube ich. Wenn eine
Frau wirklich fremdgeht, hat sie ein Problem, dann hat sie
mich nicht verdient.« So selbstbewusst äußerte sich einmal
ein guter Freund. Ihm war bewusst, dass man keinen Menschen wirklich festhalten und kontrollieren kann. Denn überall gibt es Versuchungen. Selbst im Krankenhaus gibt es nette
Pfleger und Krankenschwestern, überall können erotische Situationen und Liebesverhältnisse entstehen. Wir können einen Partner nicht festhalten und überwachen. Wir können ihn
nur fesseln, indem wir ihn verstehen und bemüht sind, dass es
ihm bei uns gut geht. Dann könnten wir uns sagen: Einen besseren Partner als mich findet er nicht.

Doch diese selbstbewusste Haltung ist dem Eifersüchtigen
fremd, er macht vielmehr Vorwürfe, ist wütend und versucht,
den Partner zu kontrollieren und einzusperren, indem er ihm
alle Außenaktivitäten vermiest. Eifersüchtige unterstellen
dem Partner immer wieder, er würde fremdgehen wollen, obgleich er das Gegenteil beteuert. »Du hast der Frau dort
hinterhergeschaut.« – »Das habe ich nicht.« Auch die Versi-
cherung des Mannes, er habe nur nach dem Zigarettenauto-
maten Ausschau gehalten, hilft nicht.

Dabei spürt der Eifersüchtige oft etwas Richtiges. Er
merkt, dass der Partner innerlich häufig nicht anwesend ist,
dass sich die Bindung zu ihm gelockert hat. Eifersüchtige
sind dann aber nicht in der Lage, diese Bindung zu verstärken
und über die Beziehung zu reden. Meist haben sie bereits in
der Kindheit die Erfahrung gemacht, dass sie plötzlich verlassen wurden. Die Eltern haben sich getrennt und der Vater
war nicht mehr da. Oder die Mutter hatte wesentlich weniger
Zeit, nachdem ein Geschwister geboren wurde. Das sind
traumatische Erfahrungen, denn quasi über Nacht verlor der
Eifersüchtige die gewohnte Zuwendung. Sobald er später
eine ähnliche Situation erlebt, wird er panisch, reagiert wie
blind – und erreicht dann oft genau das, was er befürchtet hat.

Er »nervt« unaufhörlich, und irgendwann besteht die Gefahr, dass der Partner tatsächlich fremdgeht. Dieser fühlt sich meist unerträglich eingeengt, so dass Alfred Adler meinte, Eifersucht sei eine Form von Macht. Und auch in dem Roman »Was tun?« von Nikolaj G. Tschernyschewskij heißt es: »Ein reifer Mensch darf nicht eifersüchtig sein. Eifersucht ist eine garstige, eine falsche, verabscheuenswürdige Leidenschaft. Sie kann nur dann entstehen, wenn man einen Menschen als sein Eigentum, als seine Sache betrachtet. Ebenso etwa, wie ich niemandem erlaube, meine Wäsche zu tragen und meine Zigarettenspitze zu benutzen.«

Nun warne ich Sie allerdings davor, die Eifersucht ausschließlich als Machtstreben anzusehen, falls Ihr Partner sehr eifersüchtig ist. Sie würden sich dann nur noch abgrenzen und das Verständnis des Partners aufgeben. Denn Eifersucht ist nicht nur das Streben nach Macht, sie ist auch Unsicherheit. Deshalb meinte Balzac, Eifersucht sei Zweifel, Furcht und Schwäche. Und insofern ist es wichtig, über diese Eifersuchtsgefühle zu reden. Doch wie schwierig dies ist, wird in einem Gespräch deutlich, das in dem Roman »Anna Karenina« von Tolstoi beschrieben ist. Darin wird der eifersüchtige Gutsbesitzer Lewin geschildert, der seit einiger Zeit mit der hübschen Kitty verheiratet ist. Er hat den Eindruck, dass sie mit einem jungen Herrn flirtet, und ist verstimmt. Sie spürt jedoch seine seelischen Qualen, als er sagt: »Glaube ja nicht, dass ich eifersüchtig bin … Ich kann nicht eifersüchtig sein, ich kann nicht glauben, dass … Ich kann nicht sagen, was ich empfinde, doch es ist entsetzlich. Ich bin nicht eifersüchtig, aber ich bin beleidigt …«[26] Sie hat sich zwar im ersten Moment durch seine Eifersucht verletzt gefühlt, aber dann tut er ihr leid. Sie kann ihn verstehen und beruhigen, denn sie ist innerlich beglückt über die Kraft seiner Liebe, die sich in seiner Eifersucht offenbart.

Die eifersüchtige Ehefrau

Man kann die Eifersucht des Partners auch als Kompliment empfinden. Oder wären Sie glücklich darüber, wenn es Ihrem Partner völlig gleichgültig ist, mit wem Sie flirten? Ist es dann nicht besser, der Ehemann oder die Ehefrau ist ein wenig eifersüchtig? Das vermittelt Ihnen doch das Gefühl, dass Sie wichtig sind, dass beispielsweise Ihre Ehefrau die Gefährdungen kennt, denen Sie ausgesetzt sind. Denn eifersüchtige Ehefrauen haben meist ein sehr genaues Gespür dafür, welche Frau zu ihm passen könnte. Oft fragt sie ihn dann, wie ihm diese oder jene Frau gefallen könnte. Ob sie nicht äußerst attraktiv sei. Wenn er darauf ehrlich eingeht und dies möglicherweise bejaht, folgt fast immer ein handfester Streit. Auch alleinstehenden Frauen ist das Radarsystem der Ehefrauen bekannt. Sobald sie auf einem Fest mit einem gutaussehenden, interessanten Mann sprechen, kommt wie zufällig eine Frau, fasst vertraut an seinen Arm, flüstert ihm etwas zu und macht dadurch deutlich, dass ›ER‹ ihr Ehemann ist – und mustert gleichzeitig die mögliche Rivalin, achtet vor allem darauf, ob sie einen Ehering trägt, welche erotischen Signale sie ausstrahlt, ob sie in sein Beuteschema passt. Kurzum: ob diese Frau für sie eine Rivalin sein könnte, ob sie für sie gefährlich ist. Wenn sie ihren Mann für gefährdet hält, wird sie seine Jacke abbürsten (»Da war ein Fussel«) oder ihn darauf hinweisen, dass er seine Tabletten nehmen muss. Das verdeutlicht die »Besitzverhältnisse« und verringert die Chancen des Mannes.

Das Wildern

Die Eifersucht erwachsener Partner ist nicht ganz unberechtigt, denn vor allem Männer und Frauen »in den besten Jahren« sind immer gefährdet. Wer selbst etwas älter und auf Partnersuche ist, wird bald feststellen, dass es nicht leicht ist, einen alleinstehenden Partner zu finden. Bereits die Statistik zeigt einen eindeutigen Trend: Nur etwa 19 Prozent der 25-

jährigen Männer, aber 37 Prozent der 36-jährigen und 68 Prozent aller 45-jährigen Männer leben mit einer Frau zusammen. »Gutaussehende Männer in den mittleren Jahren sind entweder verheiratet oder schwul – oder sie haben eine Macke«, sagte mir kürzlich eine Oberärztin. Das mag übertrieben sein, ist aber nicht ganz falsch. Will man daher einen gutaussehenden und halbwegs interessanten und gesprächsfähigen Mann finden, muss man »wildern« – so bezeichnen mittlerweile Soziologen dieses Phänomen. Das Wildern ist natürlich bei Ehefrauen sehr unbeliebt und sie betrachten alleinstehende Frauen immer als gefährlich. Das hält aber niemanden davon ab, die Augen offen zu halten. Nach einer Umfrage haben 40 Prozent aller Amerikanerinnen zugegeben, dass sie schon einmal versucht haben, sich einen verheirateten Mann zu angeln. Selbst ein Drittel aller Deutschen sehen keinen Grund, nicht zu »wildern«. Und tatsächlich beginnen 20 Prozent aller Beziehungen, während ein Partner noch in einer Bindung steckt. Allerdings stellt sich natürlich die Frage, warum sich viele Frauen und Männer der Mühe unterziehen, ein Verhältnis mit einem Menschen zu beginnen, der gebunden ist. Ein guter Freund gab mir darauf eine durchaus überzeugende Antwort: »Wer lange Zeit sucht und ungebunden ist, kommt für mich nicht infrage. Die partnerschaftsfähigen Frauen sind meist in einer festen Partnerschaft. Es hat ja Gründe, warum eine Frau über Jahre hinweg keinen Mann findet. Meist ist sie sehr anspruchsvoll und schwierig, da nehme ich lieber die Mühe auf mich, um eine Frau zu werben, die gebunden ist. Damit habe ich schon einmal Glück gehabt und war mit dieser Frau dann 15 Jahre zusammen.«

Eifersüchtige Menschen haben zu Recht den Eindruck, dass es überall Versuchungssituationen gibt, so dass immer die Gefahr einer Untreue besteht. Dennoch bin ich überzeugt, dass es für die meisten Menschen schwierig ist, untreu zu werden. Sie sind viel zu stark an den Partner gebunden und es bedarf vieler Konflikte in der Beziehung und eines allmählichen Entfremdungsprozesses und dann natürlich eines sehr werbenden Menschen, damit es zur Untreue kommt. Lesen Sie einmal »Effi Briest« von Theodor Fontane! Ein ehrgeiziger Ehemann vernachlässigt seine Frau, sie ist oft mit dem attraktiven Crampas zusammen, doch es vergehen Monate, bis es zu einer erotischen Annäherung kommt. Und dann leidet sie unter unerträglichen Schuldgefühlen. Ähnlich ist bei den meisten Menschen offenbar die Tür zu ihrem Herzen mit drei großen Riegeln versperrt. Es muss schon viel in einer Ehe schieflaufen, bevor sich diese Riegel lockern – sofern es sich nicht um einen »notorischen Fremdgeher« handelt.

Die kleinen Hinweise

Wenn tatsächlich ein Seitenverhältnis praktiziert wird, hinterlässt der Doppellebende immer Spuren, auch wenn er sehr geschickt ist. Denn durch die Nebenbeziehung ändert er sich. Die Nähe in der Partnerschaft nimmt immer mehr ab, der Doppellebende wirkt manchmal wie abwesend. Wer sensibel ist, wird bald spüren, dass etwas nicht stimmt. Und plötzlich hat man einen Verdacht und fängt an, bei Terminen genauer nachzufragen, die Taschen des Partners zu kontrollieren, man betätigt die Wahlwiederholungstaste des Telefons. Schließlich beachtet man etwas genauer die vielen kleinen Untreuehinweise:

- Er kauft sich neue Kleidung – früher war ihm das egal.
- Er nimmt ab, obwohl ihm das immer schwerfiel.
- Er ist aufgeregt, wenn das Telefon klingelt. Manchmal meldet sich niemand und es wird einfach aufgelegt.
- Er macht zunehmend Überstunden im Büro.
- Er bleibt über Nacht weg.
- Sein Handy trägt er immer bei sich, legt es nie irgendwo ab.
- Er trägt seinen Ehering nicht mehr.
- Er ist kühl, distanziert, will allein schlafen.

Wer sehr von Zweifeln geplagt wird, scheut womöglich nicht davor zurück, eine Agentur zu beauftragen, die mit einem geeigneten Lockvogel den »Verdächtigen« überprüft. Dieser wird dann von einer sehr schönen Frau angesprochen, wird in ein Gespräch verwickelt, es werden ihm eindeutige Angebote gemacht. Die »Auftraggeberin« bekommt schriftlich, ob der Partner einem erotischen Angebot widerstehen kann. Eine Agentur wirbt damit, dass sie 450 männliche und weibliche Lockvögel im Angebot habe und eine Überprüfung innerhalb von 24 Stunden (»Wenn's mal brennt...«) möglich sei. 80 Prozent der Anfragen sollen von Frauen kommen, die ihre Männer kontrollieren.

Der Pakt zwischen Jean-Paul Sartre und Simone de Beauvoir

Für die meisten Paare ist völlig klar, dass beide treu sind. Das muss nicht besonders ausgesprochen werden. Doch es gibt auch Paare, die sich offen die Erlaubnis für einen Seitensprung geben – so wie es einst Jean-Paul Sartre und Simone de Beauvoir vorlebten. Als die junge Beauvoir den 23-jährigen Sartre kennenlernte, war für sie klar, dass sie sich einen festen Platz in seinem Leben erobern und keine Kinder bekommen wollte. Sie war in den nicht gerade schönen Sartre sehr verliebt, der allerdings nicht auf die Freuden der Zufallsliebe verzichten wollte. Er schlug ihr einen Zweijahresvertrag vor, sie sollten in dieser Zeit eng zusammenleben, sich danach einige Jahre nicht sehen, um sich dann wieder zu treffen. Nach einem Jahr revidierten sie den Pakt: Sie wollten nun zusammenbleiben, wobei jeder von seiner sexuellen Freiheit Gebrauch machen konnte. Simone de Beauvoir stimmte dem zu, obgleich sie immer unter Eifersuchtsgefühlen litt. Sartre schlief bald darauf mit einer jungen Frau und sie war stark beunruhigt. Doch sehr erschüttert war sie, als Sartre sich während einer Krise in die vergnügte Olga verliebte. Diese gehörte zu ihrem kleinen Lebenskreis und Simone de Beauvoir wurde schließlich von den aufkommenden

Spannungen so geschwächt, dass sie schwer erkrankte. In ihrer Autobiografie interpretierte sie dies als eine Flucht vor dem Leben zu dritt, das sie als Miniaturhölle empfand. Später schrieb sie: »Mein Unbehagen ging über Eifersucht hinaus. Es gab Augenblicke, in denen ich mich fragte, ob mein Glück nicht allein auf einer ungeheuren Lüge beruhte.«[27]

Der Dämon Eifersucht

Wie sehr Simone de Beauvoir unter der Beziehung zwischen Olga und Sartre gelitten haben muss, geht aus ihrer Bemerkung gegenüber einer Freundin hervor: »Es gibt etwas an der Eifersucht, das vollkommen gültig und wahr ist. Wenn A mit B etwas erlebt, und B erlebt das gleiche mit Z, wird sich A verständlicherweise ausgeschlossen fühlen; etwas Gemeinsames zerbricht, etwas Unersetzliches, das er mit B erlebt hat, wird zerstört.« Auch danach ging Sartre Verhältnisse mit anderen Frauen ein, die er Simone de Beauvoir keineswegs verheimlichte. Im Gegenteil: Er schrieb so detailliert über die tropfenförmigen Arschbacken, den Pickel auf der Brust und die pieksenden Beine der Geliebten, dass sie immer bestens informiert war. So entstand eine trügerische Sicherheit, doch plötzlich verliebte sich Sartre in Amerika, wo er nach dem Zweiten Weltkrieg als Korrespondent arbeitete. Dort wollte er mit Dolores M. für längere Zeit zusammenleben. Nun fragte sich Simone de Beauvoir, »… ob er nicht an M mehr hinge als an mir. Ich hatte meinen zähen Optimismus eingebüßt: Mir konnte alles widerfahren.« Sie fuhr daraufhin selbst nach Amerika, verliebte sich dort in den Schriftsteller Nelson Algren, der mit ihr gern zusammenleben wollte. Doch sie lehnte ab, hielt sich an ihren Pakt: Für sie war der erste Platz in ihrem Leben bereits an Sartre vergeben.

Noch einmal sollte sie seelisch sehr erschüttert werden, als Sartre sich in die 17-jährige Arlette Elkaïm verliebte und sie heiraten wollte, um sie vor der drohenden Ausweisung zu bewahren. Jetzt war die Geduld von Simone de Beauvoir erschöpft und empört teilte sie Freunden mit, dass er ihr das nicht antun könne. Angesichts ihres Zorns gab Sartre nach und adoptierte die 34 Jahre jüngere Arlette Elkaïm.

Die Beziehung zwischen Beauvoir und Sartre war sicherlich in vielerlei Hinsicht interessant und sogar vorbildlich. Sie hatten nie eine gemeinsame Wohnung, Simone de Beauvoir umging daher die Rolle einer Hausfrau. Was sie zusammenhielt, war nicht der Alltag, es waren die gemeinsamen Ideale, die sie verwirklichen wollten. Problematisch an der Beziehung waren aber die häufigen Seitensprünge Sartres, unter denen sie oft unerträglich litt.

Auch heute praktizieren einige Paare das Konzept der offenen Ehe, wobei auffällt, dass es meist die Männer vorschlagen. Frauen sind erfahrungsgemäß eher beziehungsorientiert und leiden sehr unter Eifersuchtsgefühlen, wenn sie befürchten müssen, dass sich die vertraute Beziehung durch neue Bindungen grundlegend verändert. Dann ergibt sich meist ein Dreierbund mit einem Mann und zwei Frauen.

Der Dreierbund

Ein Psychoanalytiker würde sagen, dass nun ein Mann über zwei Sexualobjekte verfügen kann. Das klingt unromantisch, aber interessant, ist meist jedoch unendlich problematisch. Die Schwierigkeiten einer solchen Verbindung mag das Leben der österreichischen Schriftstellerin Marlen Haushofer verdeutlichen. Sie war mit einem Zahnarzt verheiratet, der immer auch um die Gunst anderer Frauen wetteiferte. Nach acht Jahren wurde die Ehe schließlich geschieden. Sie bat ihren Mann auszuziehen, er kam diesem Wunsch aber nicht nach. Trotzdem glaubte sie, auf ihren Exmann Rücksicht nehmen zu müssen, versorgte den gemeinsamen Haushalt, betreute die Kinder und half in der Praxis des Mannes. Nach außen hielt sie den Schein aufrecht, aber sie wurde depressiv, und Freunde rieten ihr zu einer Psychotherapie bei dem bekannten Wiener Psychotherapeuten Victor Frankl, den sie einige Male konsultierte. Dann schrieb sie einen Roman, der allerdings nicht veröffentlicht wurde. Er handelte von einem hassenswerten Mann, der von Frauen umgebracht wurde. Die Frauen gehen straflos aus und ihr Lektor war der Meinung, dass dies so nicht gedruckt werden könne.

Doch in der Wirklichkeit passte sich Marlen Haushofer an, fuhr gemeinsam mit ihrem Mann, ihrem jüngsten Sohn und der Geliebten ihres Mannes in den Urlaub. Obgleich die Beziehung zu ihrem untreuen Mann immer schwieriger wurde, heiratete sie ihn wieder. Doch gut ging es ihr nicht, sie hatte oft körperliche Beschwerden, oft chronische Hüftschmerzen. Sie ließ sich untersuchen und im Herbst 1968 stand die Diagnose fest: Krebs. Ihr Arzt meinte, dies sei eine unbewusst gewollte Krankheit, eine Art stiller Selbstmord. Eine Operation stellte sich als zu schwierig heraus, wurde abgebrochen. Im Januar 1969 begann sie mit einer Strahlentherapie. Noch im Krankenhaus schrieb sie; das Schreiben wurde zu einem Anschreiben gegen den Tod, aber sie starb letztlich doch 50-jährig in Wien an Knochenkrebs.

Bei diesem Beziehungsdreieck fällt es leicht, Marlen Haushofer als Opfer zu sehen. Zwar hat eine Krebserkrankung immer viele Ursachen, aber könnte nicht ihr Lebenswille zu sehr geschwächt gewesen sein? Das Fremdgehen ihres Mannes muss sie sehr erschüttert haben. Frühkindliche Verletzungen wurden so wiederbelebt. Sie hatte schon als Kind Angst, den geliebten Vater an die strenge Mutter zu verlieren, sie fürchtete die »Bettvertraulichkeiten« und unternahm sogar einen Selbstmordversuch. Die Untreue ihres Mannes war sicher eine Retraumatisierung. Aber sie war nicht nur Opfer, sondern ein mutiges, teilweise eigenwilliges Geschöpf. Sie war nicht gerade weiblich, fühlte sich in Frauenfreundschaften wohler. Denn die Beziehungen mit Frauen seien erholsamer als jene mit Männern, die einem – so Marlen Haushofer – mitten im Gespräch die Bluse aufknöpfen würden.

Wenn man diese Haltung von Marlen Haushofer bedenkt, fällt es schwer, die Untreue des Mannes leichtfertig zu verurteilen. Und doch fragt man sich: Warum – um Gottes willen – haben sie sich nicht getrennt? Ist es nicht besser, etwas eifersüchtig zu sein und dann zu gehen? Ist nicht die Eifersucht auch ein Ausdruck der eigenen Selbstachtung?

Wie plant man einen Seitensprung?

Ich bin immer für das Ideal der Treue eingetreten. Trotzdem bin ich überzeugt, dass es gewichtige Gründe für eine kurzzeitige Untreue geben kann. Vor allem bei einer unglücklichen Ehe habe ich viel Verständnis dafür, dass sich ein Partner – oft ohne es zu wollen – in einen anderen Menschen verliebt, der ihm wieder Bedeutung schenkt und ihn lebendig macht. Aber auf Dauer ist die Untreue nach meiner Erfahrung eine Beziehungsform, die niemanden so recht glücklich macht.

Allerdings habe ich in den letzten Jahren immer wieder die Erfahrung machen müssen, dass unser Leben meist nicht nach klaren Prinzipien verläuft. Wir sind zu ängstlich, haben oft nicht die Kraft, nicht die Entschlossenheit, um einen logischen Lebensweg zu finden. Und wir sind in Bindungen gefangen, die unseren Handlungsbereich sehr einengen. So ist es zu erklären, dass ich als Psychotherapeut in den letzten 20 Jahren viele Liebesbeziehungen erlebt habe, in denen ein Partner sehr unzufrieden war und sich trotzdem nicht trennen konnte.

Häufig gab es finanzielle Abhängigkeiten, wenn man sich gemeinsam verschuldet hatte. Denn Bindungen durch ein Haus oder eine Firma sind oft viel stärker als durch eine Heirat. »Man kann sich scheiden lassen, aber wenn man ein Haus baut, ist man aneinandergekettet«, war die Erkenntnis einer Kollegin. Oft ist die Ehe noch halbwegs gut, wenn man gemeinsam das Haus plant und einrichtet. Aber sobald es fertig ist, spürt man, dass man sich kaum noch etwas zu sagen hat. Doch dann ist man dermaßen verschuldet, dass man sich nicht trennen kann.

Auch gemeinsame Kinder erschweren eine Trennung. Zwar wissen wir heutzutage, dass Kinder nicht unter einer Trennung der Eltern leiden müssen. Entscheidend für das Wohl der Kinder ist es, wie die Eltern nach der Trennung miteinander umgehen. Wenn sie noch halbwegs miteinander reden können, ist dies immer besser, als wenn man nur zum Wohle der Kinder zusammenbleibt. Dennoch gibt es viele Mütter, die mir gesagt haben: »Ich trenne mich, aber erst, wenn alle Kinder aus dem Gröbsten raus sind. Erst wenn sie in die Pubertät gekommen und etwas selbstständig sind, wenn sie ausgezogen sind, dann kann ich ein neues Leben beginnen. Für mich sind die Kinder das Wichtigste. Sie liebe ich mehr als meinen Mann; viel mehr. Genauer gesagt: Ihn liebe ich schon lange nicht mehr. Ich bleibe nur wegen der Kinder ...«

Aber es gibt auch Menschen, die sich nie trennen können. Sie sind auf die Anwesenheit, auf die Unterstützung eines Partners angewiesen, wollen aber auf die Erotik nicht verzichten, die in der Ehe längst langweilig geworden ist.

Dies sind die klassischen Kandidaten für einen Seitensprung, wobei sie meist drei Vorbereitungsphasen durchstehen müssen:

In der *ersten Phase* gibt es einen inneren Entscheidungsprozess. Einem Partner wird klar, dass er massiv unzufrieden ist, etwas ändern muss und in Zukunft nicht mehr so weiterleben kann. Dieser innere Prozess dauert oft viele Monate – bis man entschlossen ist, aktiv zu werden, etwas zu unternehmen. Allerdings ist man in dieser Phase keineswegs dazu bereit einen Seitensprung zu begehen. Man hat nur Fluchtgedanken, will etwas verändern, traut sich aber eine Trennung nicht zu. Oft mag man den Partner noch und weiß, dass man unter der Beendigung der Beziehung sehr leiden würde. Auch man selbst müsste ja auf Eigenschaften, Gewohnheiten verzichten, die man liebgewonnen hat, und oft sind die Ärgernisse in der Beziehung nicht so groß, dass man wirklich ausziehen muss. Man hat sich einfach auseinandergelebt, verkehrt miteinander wie in einer Wohngemeinschaft – ohne Leidenschaft und große Gefühle. Doch obgleich dies alles sehr ruhig wirkt, hat sich viel innerer Sprengstoff angehäuft. Es sind viele unbefriedigte Bedürfnisse vorhanden, es hat sich enormer Ärger angesammelt, die massiven Enttäuschungen lassen sich nicht mehr verdrängen. Dies ist die emotional-geistige Grundlage für den Seitensprung. Man ist zunehmend vom Partner abgerückt und hat die Überzeugung gewonnen, dass man sich stärker um das eigene Lebensglück kümmern muss.

Dies mündet in die *zweite Phase* ein: Man ist neugierig auf andere Menschen geworden, geht mehr auf andere zu, verspürt einen großen Lebenshunger, ist offen für neue Begegnungen. Man geht wieder mehr zu Fortbildungen, in einen Sportverein, besucht Kongresse und trifft interessante Menschen. Und dort erlebt man nach Jahren wieder, dass man als Gesprächspartner begehrt ist, dass man flirten kann.

Daraus entsteht plötzlich *Phase drei* – eine erotische Situation, in der man nicht nein sagen kann und will. »Ich habe das nie aktiv angestrebt. Man kann das nicht planen, aber als ich dann die hübsche Frau sah, als ich mit ihr sprach, da wusste ich, dass ich sie küssen wollte. Ich ging mit ihr essen und stellte mir nur drei Fragen: Hast du Lust, sie zu küssen, mit ihr zu schlafen und eine Beziehung zu beginnen? Auf alle drei Fragen hörte ich innerlich ein Ja«, beschrieb ein 37-jähriger Lehrer die Entwicklung.

Die Signale der Untreue

Es dauert meist einige Jahre, bis ein Partner die Phase drei erreicht. Insofern ist es eine völlige Verkennung der Tatsachen, wenn man davon ausgeht, dass jeder Mensch leicht verführbar ist. Normalerweise sind wir in den vielfältigen Versuchungssituationen des Lebens kaum gefährdet. Und es ist eine ziemlich plumpe Ausrede, wenn man einen Seitensprung auf den Alkohol schiebt. Dieser mag eine gewisse

Enthemmung bewirken, aber ohne eine innere Bereitschaft lässt sich ein Seitensprung nicht erklären. Und diese Bereitschaft strahlt man nach außen aus.

Dies wurde mir bewusst, als mich vor vielen Jahren ein Verlag fragte, ob ich nicht ein Buch zum Thema ›Untreue‹ schreiben wolle. Ich fand das Thema nicht einfach, aber es interessierte mich. Unter anderem beschäftigte mich die Frage, wie schwierig es ist, die Untreuebereitschaft eines Menschen zu erkennen. Ich kannte damals einen attraktiven 43-jährigen Mann, der überzeugt war, dass zwei Drittel aller Frauen über 40 Jahren zu einem Seitensprung bereit seien. Er hatte einen Blick für die einsamen Frauen, die zwar lebenslustig, aber unerfüllt wirkten. Solche Frauen sprach er dann beispielsweise im Supermarkt an und fragte sie, ob sie wüssten, wo es Mais ohne Zucker gäbe. Diese geschickte Frage enthielt viele Informationen: dass er kochen kann, dass er Single und ein guter Gastgeber ist. Dann wartete er an der Kasse auf diese Frau, bedankte sich für ihre Hilfe und lud sie zum Kaffee ein. Dabei interessierte er sich für ihr Leben, nahm Anteil an ihren Sorgen und landete oft mit ihr im Bett.

Dieser Mann hatte eine verblüffende Einstellung: Er wollte die Frauen beschenken, ihnen etwas geben, was sie lange entbehrten. Er interessierte sich für sie, wollte sie umwerben, ihnen zeigen, welche Bedeutung sie für ihn hatten. Und er wusste, dass sich die Frauen bei ihm bedanken würden, dass eine Nähe aufkommen würde, die auch den körperlichen Bereich beinhaltete. Dieser Mann war ein Casanova, der nicht in der Lage war, eine dauerhafte Bindung zu den Frauen herzustellen. Er war ein Eroberer, ein Jäger, der die Frauen insofern enttäuschte, als er keine feste Bindung eingehen konnte. Doch die Vorgehensweise dieses Mannes fand ich spannend, denn er hatte die Fähigkeit, die Einsamkeit der Frauen zu spüren.

Dies nahm ich zur Grundlage für einen eigenen Test. Ich war überzeugt, dass man die Bereitschaft zur Untreue erkennen kann, dass man merkt, wann eine Frau nicht mehr fest in einer Partnerschaft gebunden ist. Ich ging davon aus, dass diesen Frauen jene sozialen Wurzeln fehlen, die sie sonst mit tausend kleinen Fasern an den Ehemann binden. Und sie strahlen auch die aktive Bereitschaft aus, einen Seitensprung zu wagen. Deshalb haben diese Frauen einen Leuchtturmblick, sie haben ein Interesse für Männer, das weit über das übliche Schauen hinausgeht. Dies prüfte ich vor vielen, vielen Jahren auf einem großen Kongress, bei dem meine Kollegen auch ihre Ehefrauen mitbrachten. Ich achtete darauf, ob ich diesen Leuchtturmblick verspürte, wenn ich mich diesen Frauen näherte, die ich bisher nicht kannte. Und ich spürte in mich hinein, ob sich in mir eine erotische Spannung aufbaute. War dies der Fall, sprach ich die Frauen an und lud sie zum Essen ein. Dort berichtete ich ihnen von meinem »Forschungsprojekt« und meinen Ergebnissen. Alle Frauen waren mehr oder minder erschrocken. »Sieht man mir das an?«, war die Standardfrage, und eine Ehefrau regte an, wir könnten doch das »Projekt Untreue« in meinem Schlafzimmer fortsetzen …

Die große Vorsicht

Der Leuchtturmblick ist das Ergebnis einer längeren inneren Entwicklung. In dieser Vorbereitungsphase entsteht immer auch eine logistische Basis für einen Seitensprung. Man hat sich Freiräume geschaffen, so dass es nicht auffällt, wenn man stundenweise weg ist. Man hat ein eigenes Bankkonto, genügend finanzielle Mittel, ein eigenes Handy, eine E-Mail-Adresse. Und man weiß, dass man nun sehr geschickt vorgehen muss. Auf der einen Seite spürt man die große Leidenschaft, auf der anderen Seite aber auch die Notwendigkeit zur Vorsicht. Während sonst Liebende jedem vom neuen Glück erzählen wollen, müssen sie schweigen. Sie können Freunden nichts erzählen, vor allem, wenn diese zum gemeinsamen Beziehungskreis gehören. Sie dürfen nie mit der Kreditkarte bezahlen, weil sonst die geheimen Unternehmungen auffliegen könnten. Sie müssen aus dem Handy immer wieder SMS-Nachrichten und die Anrufliste löschen. Sie dürfen nie vom Festnetz aus telefonieren, denn alle Telefone haben eine Wiederholungstaste und man weiß nicht, wann der Partner mit seinen Nachforschungen beginnt. Außerdem muss man darauf achten, mit dem Auto keine rote Ampel zu überfahren oder im Parkverbot zu stehen. Wie sollte man dem Partner erklären, dass man wegen einer Verkehrsübertretung belangt wird, die man in einer anderen Stadt begangen hat? Man muss alle Spuren beseitigen: also auf den Lippenstift und ein fremdes Parfum achten, fremde Haare und jene kleinen Indizien entfernen, die verräterisch sein könnten. Der Fremdgeher muss ständig mit dem misstrauischen Auge des »Betrogenen« rechnen und Situationen überprüfen. Deshalb ist auch die eigene Wohnung absolut tabu. Zu groß ist die Gefahr, dass »die bessere Hälfte« plötzlich auftauchen könnte. Am besten eignen sich Hotels, in denen man sich unter fremder Adresse einträgt. Und man muss auch darauf achten, dass man sich mit dem Geliebten möglichst nicht in der Öffentlichkeit zeigt. Man sollte sich dort nicht küssen, nicht Hand-in-Hand spazieren gehen und sich nicht umarmen. Man muss immer eine »Schere im Kopf« haben und sich vorstellen, dass man vom Ehemann, von Nachbarn oder Freunden gesehen wird.

Und Sie müssen sich überlegen, ob Sie nur einen Seitensprung begehen wollen oder eine feste Partnerschaft anstreben. Bei einem Single besteht immer die Gefahr, dass sich dieser zu sehr verliebt und irgendwann auf eine feste Beziehung drängt. Nicht alle Singles sind dann zurückhaltend, manchmal neigen sie dazu, anzurufen oder zu schreiben, damit der Seitensprung auffliegt.

Außerdem sollten Sie nie ein Verhältnis im Büro beginnen. Es gibt in Amerika ein altes Sprichwort »Never fuck in the factory«. Die Gefahr ist sehr groß, dass Kollegen etwas merken, und man muss ja mit dem anderen auch dann noch zusammenarbeiten, wenn man das erotische Verhältnis beendet hat.

Eine weitere Regel lautet: Vernachlässigen Sie den Partner nicht. Sonst wird er misstrauisch! Aber überschütten Sie ihn auch nicht mit Aufmerksamkeiten und Geschenken. Sonst wird er zu Recht das Gefühl bekommen, dass Sie unter Schuldgefühlen leiden und etwas zu verbergen haben. Verhalten Sie sich so wie immer. Seien Sie distanziert-freundlich, das ist ziemlich einlullend. Einem freundlichen Menschen traut man nicht zu, dass er uns betrügt. Wenn sich an unserem Verhalten nichts ändert, kommt der Partner kaum auf die Idee, dass sich hinter seinem Rücken ein erotisches Abenteuer abspielt.

Die Seitensprung-Agenturen

Sie können das Risiko, entdeckt zu werden, erheblich verringern, indem Sie den Seitensprung fast technisch abwickeln. Sie können sich beispielsweise bei einer Seitensprung-Agentur anmelden, die mittlerweile einige 100.000 Mitglieder haben. Dort können Sie anonym andere Menschen kennenlernen, die sich auch den Wunsch nach unverbindlichen Sexualkontakten erfüllen wollen. Sie geben gewisse Kriterien ein (Größe, Haarfarbe usw.) und bekommen dann für etwa 15 bis 35 Euro im Monat zahlreiche Vermittlungsangebote, Interessenten, die man per Internet anschreiben kann. Melden Sie sich beispielsweise bei Lovepoint (153.000 Mitglieder, 42 Prozent Frauen) an, er ist der Testsieger mit 2,5 Millionen erfolgreichen Vermittlungen, die Kosten für drei Monate betragen 99 Euro, lebenslänglich 499 Euro. Sehr romantisch klingt das allerdings nicht. Den meisten Menschen wird dies nicht zusagen, für sie ist das erotische Interesse immer damit verknüpft, dass sie den anderen attraktiv finden und sich gut mit ihm unterhalten können. Diese Phase wird gewissermaßen übersprungen, und die meisten Menschen werden diese Form des modernen Seitensprungs eher als zu kühl empfinden.

Und dann?

Wie auch immer man sich kennengelernt hat: In jedem Fall ergibt sich ein gravierendes Problem. Meist bleibt es ja nicht dabei, dass der andere ein Sexualobjekt ist. Fast immer geht der Seitensprung über einen flüchtigen Kontakt hinaus. Meist empfindet man doch mehr für den anderen, spürt Leidenschaft, ist teilweise auch verliebt – und muss dies verheimlichen. Alle Sinne sind angeregt, man denkt oft an den Geliebten und darf doch nicht darüber reden. Man führt ein Doppelleben, das dem eines Spions in einem fremden Land vergleichbar ist. Man darf das Innenleben nicht preisgeben, muss sich Ausreden einfallen lassen, muss täuschen, darf sich nichts anmerken lassen. Auf die Dauer ist dies nicht nur anstrengend, sondern zutiefst belastend. Wenn jegliche Unbefangenheit, naive Unbekümmertheit teilweise unterdrückt und kontrolliert werden muss, ist dies für das eigene Gefühlsleben problematisch.

Die Beichte

Ein Seitensprung kann zunächst als Befreiung empfunden werden. Aber auf Dauer wird – vor allem für Frauen – ein Doppelleben unerträglich. Sie leiden so sehr unter dem Seitensprung, dass sie ihn beichten, um die Vertrauensbeziehung wiederherzustellen. Dies ist als eine Annäherung an den Partner zu begrüßen. Doch warum beichtet man den Seitensprung? Besteht nicht die Gefahr, dass man sich unter dem Vorwand der Ehrlichkeit für viele Enttäuschungen und Kränkungen rächt, indem man dem Partner das intime Erlebnis in allen Einzelheiten erzählt. Aber selbst wenn man diskret ist, nur Andeutungen macht, wird der Partner alles wissen wollen, um seine Ohnmacht zu überwinden. Meist ist er ja ahnungslos gewesen, weiß nicht mehr, woran er glauben soll, und versucht, die Orientierung wiederzugewinnen, indem er möglichst alles erfragt. Doch dies überfordert ihn zumeist, da er die »erotischen Bilder« kaum noch aus dem Kopf bekommt. »Ich musste immer daran denken, wie sie es miteinander treiben. Was hat sie, was ich nicht habe? Ist sie besser im Bett? Mit solchen Fragen quälte ich mich wochenlang herum. Heute würde ich nicht mehr alles wissen wollen«, meinte nachdenklich eine 42-jährige Lehrerin.

Nach einer solchen Beichte ist der Doppellebende meist erleichtert, beim betrogenen Partner beginnt aber ein Gefühlschaos. Deshalb ist es grundsätzlich die Frage, ob eine Beichte sinnvoll ist. In meiner Praxis stelle ich daher immer drei Fragen:

1. Warum wollen Sie beichten? Geht es mehr darum, selbst entlastet zu werden, geht es auch um Rachegefühle, oder wollen Sie damit wirklich die Partnerschaft verbessern?
2. Möchten Sie den Partner vor den möglichen Gefahren von AIDS warnen?
3. Möchten Sie eine Trennung vom Partner provozieren, zu der Sie sich selbst nicht entschließen können?

Lieber vertuschen?

Wenn der Seitensprung nicht sehr bedeutsam war und beendet ist, plädiere ich oft dafür, zu schweigen. Das ist auch die Auffassung der meisten Menschen, denn mehr als die Hälfte aller Deutschen würde einen Seitensprung vertuschen – ergab eine aktuelle Umfrage der Zeitschrift »Petra«. Allerdings ist auch ein heimlicher Seitensprung immer eine Belastung für eine Liebesbeziehung. Denn kleine und mittlere Risse vertiefen sich durch den Seitensprung, man zieht Energien aus der Beziehung ab, investiert weniger. Eigentlich ist es so ähnlich, als würde ich neben der Tätigkeit in einem Betrieb ein Konkurrenzunternehmen starten. Man vernachlässigt dann die Partnerschaft, sie wird einem egal. Schließlich will man nur noch seine Ruhe haben: Man hofft, dass der Partner den Seitensprung nicht entdeckt, will seine Freiräume wahren.

Doch meist fliegt der Seitensprung nach einiger Zeit doch auf, unweigerlich kommt es fast immer zur Explosion. Und dann kann der untreue Partner nichts mehr fordern, muss einlenken. Ein Taxifahrer sagte mir in einer solchen Situation: »Ich konnte dann nur noch den Kopf einziehen. Es war ein Trommelfeuer. Vorher hatte ich viel Kritik an meiner Frau. Nun gab es nur noch den Rückzug, bzw. ich ging in meinen seelischen Bunker. Das war wirklich wie Krieg, überall schlugen die Granaten ein. Mein Hauptwort war: Entschuldigung. Und meine Erklärung, die ich gelegentlich stammelte war: Ich weiß auch nicht. Um überhaupt die Beziehung weiterführen zu können, musste ich zurückstecken. Ich muss-te ihr immer wieder sagen, dass ich sie liebe, dass ich bei ihr bleiben will. Sonst wäre das alles geplatzt. Meine Frau hätte mir glatt den Koffer vor die Tür gestellt, alles stand auf der Kippe. Meine eigenen Ansprüche konnte ich beerdigen. Das war eine extrem schwierige Situation.« Nur selten wird der Doppellebende in der Lage sein, seine Wünsche oder gar ein »Recht auf Seitensprung« durchzusetzen. Deshalb ist meines Erachtens auch die Einschätzung des Psychoanalytikers Wolfgang Schmidbauer waghalsig. Er gibt zu bedenken: »Während jeder weiß, dass hochseetüchtige Boote einem Sturm standhalten, sind wir bei unseren Beziehungen längst nicht so sicher. Das liegt daran, dass wir eine milde Brise und stürmische See sachlich beurteilen, während wir dazu nei-gen, die heimliche Liebe moralisch abzuwerten … Dem ist entgegenzuhalten, dass die durchschnittlich gute Partner-schaft ohne Weiteres einige heimliche Liebschaften verkraf-ten kann.«[28] Schmidbauer suggeriert damit, dass eine Bezie-hung nicht belastungsfähig genug ist, wenn sie einen Seitensprung nicht verträgt. Damit wird ein Seitensprung zur Normalität erklärt, den man ähnlich hinnehmen und ertragen muss wie eine Wetterveränderung. Doch ein Seitensprung weist immer auf eine Krise der Liebesbeziehung hin, ist im-mer ein Drama für alle Betroffenen. Und das ist uns durchaus bewusst, wenn wir fremdgehen und schweigen, um kein Erd-beben auszulösen.

Ist Schweigen wirklich Gold?

Eine Beichte kann die gesamte Liebesbeziehung erschüttern. Deshalb verheimlichen viele Frauen den Seitensprung, so-lange sie innerlich noch an ihren Ehemann gebunden sind. »Ich kann ihm das nicht antun«, höre ich oft von ihnen, wenn sie sich neu verlieben. Sie führen eine unglückliche Ehe, ha-ben sich angepasst, und nun wurden sie von einer Liebe re-gelrecht überfallen, gegen die sie sich nicht wehren können.

Sie haben aber Angst, die alte Beziehung zu beenden. Dabei spielt nicht nur eine Rolle, dass sie dem neuen Liebhaber noch nicht trauen, nicht wissen, wie verlässlich er ist. Sie haben auch Schuldgefühle, wenn sie daran denken, den langjährigen Partner zu verlassen, der sie oft über Jahrzehnte treu begleitet hat. Er hat sich um die Kinder gekümmert, hat manche Krise mitgetragen, ist ein guter Kerl. Ihm wollen sie eine solche Trennung nicht zumuten. Und was wollen sie ihm sagen? Manchmal gibt es keine großen Konflikte, man hat sich einfach auseinandergelebt. Ist es erlaubt, ihm zu sagen, dass man sich trennen will? Wie will man begründen, dass man neu verliebt ist? »Er würde das nicht verstehen. Wir hatten keine großen Streitigkeiten, keine großen Konflikte. Die Liebe ist einfach verloren gegangen, sie ist in die Jahre gekommen. Eigentlich war nichts passiert. Er saß immer vor dem Computer, ich erledigte die Küchenarbeit. Wir luden oft die Kinder ein – für Außenstehende war sicher alles sehr normal. Aber ich lebe längst in einer anderen Welt, bin in einen anderen Mann verliebt und denke: ›Oh Gott, was wird nur werden?‹«

Die Krankenschwester führt nun seit 160 Tagen ein Doppelleben. Sie zählt die Tage und ist verliebt wie in jungen Jahren, feiert jeden Monat den Tag des Kennenlernens. Sie kann sich inzwischen ein Leben mit dem Geliebten vorstellen, und ich riet ihr, sich trotz aller Bedenken dem Partner zu offenbaren. Sie zögerte, sprach von Schuldgefühlen, doch ich entgegnete, dass sich die Probleme eher verschärfen würden, wenn sie den Partner im Dunkeln lässt. Ich war überzeugt, dass ihr Mann es doch spüren würde, dass er »betrogen« wird. Und nun hatte er keine Gelegenheit, die Beziehung zu verbessern. Doch vielleicht hatte die Krankenschwester gerade davor Angst. Möglicherweise war ihre Beziehung zu dem neuen Geliebten inzwischen so stark, dass sie sich eine Fortsetzung der Ehe nicht mehr vorstellen konnte. Aber wäre es nicht fair, sich dann zu trennen? Dies würde doch auch dem Ehemann eine neue Chance geben. Eventuell könnte er nach einiger Zeit eine neue Beziehung eingehen. Ist es zu verantworten, dass man ihn quasi blockiert, dass man ihn für sich reserviert und ihm so die Möglichkeit einer neuen Liebe vorenthält?

Ich ahnte etwas ...

Die Beichte kann für beide Partner entlastend sein. Oft ahnte der Partner bereits etwas, hat längst gespürt, dass etwas nicht stimmt. Meist hat er dann nachgefragt und wurde belogen: »Ich habe mich immer auf meine Gefühle verlassen können«, sagte mir eine 40-jährige Schriftstellerin. »Etwas stimmte nicht. Und ich sprach natürlich meinen Partner an. Er leugnete es. Und dann fing ich an, seine Taschen zu durchstöbern. Ich hatte Schamgefühle, konnte mich selbst nicht leiden. Aber ich musste das tun, ich musste Klarheit haben. Ich schaute auf sein Handy, fand aber nichts. Und dann habe ich ihn einfach konfrontiert. Eines Abends habe ich ihm gesagt, ich wüsste alles und stellte ihm nur die Frage: Wie heißt sie? Und dann hat er alles gestanden, alles ...«

Nun ist es extrem wichtig, dass alles gebeichtet wird. Dass es nicht tröpfchenweise erfolgt. Wie soll wieder eine Vertrauensbeziehung entstehen, wenn der Partner nur das beichtet, was man ohnehin schon weiß? Nach meinen Umfragen haben 50 Prozent der Partner bereits vor der Beichte gespürt, dass etwas nicht stimmte. Dennoch ist es auch für sie eine Tragödie, wenn sie vom Seitensprung des Partners erfahren. Fast alle Menschen erleben dies als einen seelischen Weltuntergang. Der Boden wankt. Die Grundlage des Vertrauens ist zerstört und damit der wichtigste Teil ihres Lebens. Die gesamte innere Ausrichtung ihres Lebens verändert sich, wird unsicher. Und sie sind gekränkt, weil der Partner im Bett eine andere Frau vorgezogen hat. Sie fühlen sich zurückgesetzt, betrogen, belogen. Deshalb meint auch der Psychotherapeut Ragnar Beer: »Ein Seitensprung gehört zum Schlimmsten, was in einer Beziehung passieren kann.«[29]

Das posttraumatische Erlebnis

Wer betrogen wurde, leidet fast immer unter ähnlichen Symptomen wie Menschen, die nach einem Verkehrsunfall oder einer schweren Erkrankung eine posttraumatische Belastungsstörung entwickeln. Eine anhaltende Übererregtheit, eine ständige Beschäftigung mit der Untreue, übermäßige Schreckhaftigkeit, Ängste und Depressionen sowie Schlafstörungen sind Symptome dieser Belastungsstörung, die in der internationalen Klassifikation psychischer Störungen mit F 43.1 angegeben wird. In der Therapie achte ich darauf, dass diese Menschen in den ersten Tagen möglichst viel mit anderen sprechen können, aber auch Rückzugsmöglichkeiten haben. Es ist wichtig, dass sie aktiv werden, sich ablenken, weil sie ohnehin kaum geordnete Gedanken fassen können, sondern sich fühlen, als habe man ihnen mit einem Hammer auf den Kopf geschlagen.

Am schlimmsten ist natürlich der Vertrauensverlust – vor allem dann, wenn der Seitensprung irgendwann auffliegt oder nur nach heftigem Nachfragen gebeichtet wird. Nun würden sich zwar zwei Drittel aller Deutschen nach einem Seitensprung nicht trennen. Aber sie haben häufig massive Wutgefühle. Allerdings mahnt der Psychoanalytiker Wolfgang Schmidbauer: »Es ist primitiv, wenn ein Mensch wegen einer Information von ganz gut zu so böse umkippt, dass man von jetzt auf nachher nicht mehr mit ihm leben will.«[30] Doch Schmidbauer übersieht, dass ein Seitensprung für den betrogenen Partner immer eine Tragödie ist, so dass massive Affekte verständlich sind.

Wutgefühle sind wichtig

Wären Sie wütend, wenn der Partner einen Seitensprung beichtet? Oder würden Sie diese Wutgefühle verdrängen? Dann ginge es Ihnen so wie 68 Prozent der Frauen und 47 Prozent der Männer, die sich nach einer Umfrage des Instituts für Psychologie an der Universität Göttingen heftige Wutgefühle nach einem Seitensprung des Partners nicht eingestehen. Ich halte dies für problematisch. Denn Wutgefühle sind wichtig, da sie das Lebensgefühl der »Betrogenen« stabilisieren. Sonst werden sie vom Schmerz über den Seitensprung, den Verlust der Liebe so übermäßig überwältigt, dass sie kaum damit umgehen können. Und doch gibt es Menschen, die zur Wut nicht fähig sind, die ihrem Partner alles verzeihen, um ihn zu behalten. Sie sind so selbstlos in der Liebe, verstehen alles, opfern sich auf und gefährden damit ihr inneres Gleichgewicht. Sie haben in der Kindheit nie gelernt, zu fordern, zu kämpfen, mussten sich anpassen und verzichten. Davon handelt der Roman »Gilles' Frau« von Madeleine Bourdouxhe. Sie beschreibt eine sehr sinnliche Frau, deren Mann mit ihrer Schwester fremdgeht. Doch sie versucht, ihren Mann zurückzuerobern, indem sie ihn versteht und auf ihn eingeht. Sie erlaubt sich keine Wut, keine Vorwürfe, ist aber innerlich irgendwann dermaßen verzweifelt und hoffnungslos, dass sie sich umbringt.

Inwiefern bin ich beteiligt?

Die Wut kann immer nur die erste Reaktion sein. Jeder »Betrogene« muss sich dann auch die Frage stellen, welche Probleme es in der Partnerschaft gibt und was er selbst zum Seitensprung beigetragen hat. Nur wer sich dies eingestehen kann, kommt aus der verhängnisvollen Opferrolle heraus. Nur diese Sichtweise kann vermeiden, dass der »Betrogene« den Partner noch nach Monaten und Jahren anklagt und ihm den Seitensprung vorhält. Allerdings ist es nicht leicht, diesen eigenen Beitrag einzusehen. Nur selten verarbeiten wir einen Seitensprung so rational wie jener 68-jährige Mann, der sich vor Jahren Hilfe suchend an mich wandte. Er war früher Institutsleiter, eine seiner Studentinnen hatte sich in ihn verliebt. Sie lebten jetzt seit 15 Jahren zusammen, sie war 22 Jahre jünger als er. Nun habe er seine wissenschaftliche Karriere beendet, sei nur noch zu Hause, der frühere Schwung sei dahin, er habe die Orientierung verloren. Früher habe er Vorträge gehalten, habe eine Sekretärin gehabt, sei ein interessanter, imponierender Mann gewesen. Doch nun spüre er, wie er altere und meist müde sei. Deshalb könne er verstehen, dass sich seine Frau mit einem Kollegen eingelassen und eine erotische Beziehung begonnen habe. Dennoch war er natürlich aufgebracht. Er fühlte sich magisch zu der Wohnung dieses Mannes hingezogen, prüfte häufig nach, ob der Wagen seiner Frau dort in der Nähe stand. Schließlich litt er unter schweren Schafstörungen und rief mich an. Ich riet ihm, er solle sein Leben neu ordnen und schauen, dass er für seine Frau wieder attraktiv würde. Er nahm seine sportlichen Aktivitäten erneut auf, ging an die Volkshochschule, erzählte seiner Frau abends, was er gelernt hatte. Die Beziehung zu seiner Frau wurde wieder intensiver, er berichtete mir, dass für sie die Nebenbeziehung uninteressant geworden war.

Dieser Mann hatte den Seitensprung seiner Frau ausgehalten, ihm war bewusst, dass auch er Fehler gemacht hatte. Und er war selbstkritisch genug zu wissen, dass in der Beziehung zu einer wesentlich jüngeren Frau auch ein Problem lag. Er war immer der bewunderte Professor gewesen, und seine Frau war enttäuscht, erlebte eine Desillusionierung, als er ratlos und kraftlos wurde. Er war nicht zu sehr gekränkt, als sie das Interesse an ihm verlor, er kämpfte um sie, indem er sein eigenes Leben wieder auf eine neue Spur brachte. Doch oft gelingt dies Männern nicht. Sie sind eher verletzt und wütend, und dies belastet dann zusätzlich die Beziehung und treibt die Frauen in den Rückzug, wenn im Hintergrund ein liebender Mann wirbt. Zwar hat der Partner in dieser Situation einige Vorteile. Er lebt mit seiner Frau zusammen, sie können auf viele gemeinsame Jahre zurückblicken. Und solange sie mit ihm zusammenlebt, hat er noch Chancen. Denn trotz aller Konflikte gibt es Bindungen, die selbst eine schwierige Beziehung zusammenhalten. Doch je länger die Beziehung zu dem Liebhaber andauert und je destruktiver die heimischen Konflikte werden, desto mehr löst sich die Bindung an den Partner. Die Ehefrau wird immer häufiger an ihren Liebhaber denken, sich zu ihm hingezogen fühlen, und der Gedanke schleicht sich immer stärker ein, auch den Alltag mit diesem Mann zu leben.

Du bist das Opfer!

Üblicherweise wird der »Betrogene« von der Umwelt sehr darin unterstützt, dass er verletzt worden ist, was ihn in der Opferrolle bestätigt. Das ist Balsam für den Betroffenen. Doch dann wird völlig einseitig nur der Anteil des Fremdgehers gesehen, dieser wird sogar aufgefordert eine Therapie zu machen, um seine Untreue-Problematik aufzuarbeiten. Häufig sind unmittelbar nach der Beichte solche Forderungen durchaus angebracht. Es ist möglicherweise dem »Seitenspringer« zuzumuten, dass er für eine Weile auszieht, dass er den sexuellen Kontakt zu der Geliebten abbricht. Aber dann muss auch die »Betrogene« einlenken und verstehen, warum der Partner fremdgegangen ist, wo eine Entfremdung in der Partnerschaft entstanden ist – sofern es sich nicht um eine schwere Persönlichkeitsproblematik des Seitenspringers handelt.

Das Paar muss sich dann gemeinsam mit den Schwierigkeiten, dem Werdegang, den Stärken und Problemen der Partnerschaft auseinandersetzen. Es muss Bilanz ziehen, muss die Krisenpunkte erkennen und Möglichkeiten der Veränderung ausloten. Wenn dies nicht gelingt, droht wirklich längerfristig eine Trennung.

Wie du mir, so ich dir

Man kann natürlich die Untreue des Partners zum Anlass nehmen, selbst fremdzugehen. »Das kann ich auch«, ist oft der erste Gedanke. Allerdings sollte man sich gründlich überlegen, ob man dieses »Auge um Auge, Zahn um Zahn« wirklich in die Beziehung einführt. Denn damit akzeptiert man die Tatsache, dass jeder fremdgeht. Man kann sich dann kaum noch darüber beschweren, wenn der Partner auch in Zukunft die »Kirschen vom Baum des Nachbarn« begehrt.

Neben der dann beidseitigen Vernachlässigung der Beziehung ist dies auch aus anderem Grund für die Beziehung nicht ungefährlich: Bei einer Geburtstagsfeier berichtete mir vor einiger Zeit eine Frau, dass sie selbst fremdgegangen sei, nachdem ihr Mann einen Treuebruch begangen habe. Nach jedem seiner Seitensprünge habe sie sich einen Freund geangelt. Schließlich sei es in einem Urlaub zu einer Aussprache gekommen, er habe seine Abenteuer gebeichtet, sie habe ihm daraufhin von ihren erotischen Eskapaden berichtet. Und dies habe er nicht ertragen, er habe sich schließlich getrennt. Man sollte also bedenken: Wenn zwei das Gleiche tun, ist es nicht dasselbe.

Was will ich, was willst du, was wollen wir?

Natürlich müssen sich nach einem Seitensprung beide Beteiligten die Frage stellen, ob sie die Beziehung fortsetzen wollen. Die Bereitschaft wird für den »Seitenspringer« gering sein, falls das Seitenverhältnis noch andauert. Er ist dann kaum in der Lage, wirklich Probleme aufzuarbeiten und tiefer über die Beziehung nachzudenken. Deshalb ist es sinnvoll, wenn man am Anfang einer solchen Klärungsarbeit ein Abkommen schließt, dass für einen bestimmten Zeitraum das Verhältnis nicht aktiv weitergeführt und zumindest die Sexualität eingestellt wird. Ist ein Partner dazu nicht in der Lage und bereit, würde ich einer Partnerschaft nur sehr geringe Überlebenschancen geben. Allerdings muss man notgedrungen akzeptieren, dass sich der Partner und die Geliebte noch sehen, wenn sie zusammenarbeiten. Denn vor allem bei Männern entstehen viele Beziehungen am Arbeitsplatz und sie können der Geliebten kaum ausweichen. Oft kann auch eine vorübergehende Trennung sinnvoll sein, damit beide Beteiligten in Ruhe ihre Situation überlegen können. Dies ist immer besser als eine voreilige Trennung. Denn oft kommen

Partner nach Monaten und Jahren zu dem Ergebnis, dass sie in Wirklichkeit doch gut zusammenpassen.

Die Chancen einer Psychotherapie

Wenn die Betroffenen zu mir in die Therapie kommen, frage ich sie immer, welche Bemühungen nach ihrer Einschätzung notwendig sind, um aus der Partnerschaft wieder eine gute Liebesbeziehung zu machen. Ähnlich wie bei einem Haus, bei dem es durchregnet und der Schwamm bereits die Mauern angegriffen hat, erstelle ich mit den Ratsuchenden einen Sanierungsplan. Beide Partner müssen sich also fragen, was in der Beziehung erhaltenswert ist, was sie aneinander stört, welche Konflikte gelöst werden müssen, welche Wünsche bestehen. Dabei wird meist deutlich, dass eine längere therapeutische Betreuung erforderlich ist. Und dann werde ich angesichts des großen Aufwands oft gefragt, ob eine Paartherapie überhaupt hilft. Tatsächlich sind die Ergebnisse ernüchternd. Eine Untersuchung der »New York Times« zeigt, dass 25 Prozent der behandelten Paare nach zwei Jahren noch schlechter dastehen. Nach vier Jahren sind dann fast 40 Prozent von ihnen geschieden.

Das spricht allerdings nicht unbedingt gegen die Paarbehandlung. Meist kommen die Paare sehr spät zur Therapie – erst dann, wenn eine Trennung fast unvermeidlich ist. Durchschnittlich warten sie sechs Jahre, bis sie sich zu einer Behandlung entschließen. Und dann sind die Fronten verhärtet und eine sinnvolle Arbeit oft fast unmöglich. Es ist dann typisch, dass ein Partner vor allem über den Seitensprung reden will, während sich der andere in der Defensive befindet, sich entweder ständig entschuldigt (»Ich weiß ja, ich habe dir wehgetan, ich weiß auch nicht, wie das passieren konnte«) oder sich aktiv wehrt (»Du hast auch Fehler, ich habe das schon immer gesagt und nichts ist passiert«). Es ist daher häufig sinnvoll, die Paare zu trennen; üblicherweise übernehme ich dann nur die Behandlung für einen Partner und biete dem anderen einen zweiten Therapieplatz bei einem Kollegen an. Dies hat den Vorteil, dass individuell auf die Probleme der einzelnen Partner eingegangen werden kann. Jeder kann offen reden, ohne dass er befürchten muss, den anderen zu verletzen. So ist auch eine intensive Betreuung jenes Partners möglich, der den Seitensprung erlitten hat. Meist ist er es, der völlig verzweifelt ist und die Therapie beginnt. Dabei lege ich großen Wert darauf, nach einer Stabilisierungsphase nicht nur über die Partnerschaft, sondern auch über die gesamte Lebensentwicklung und -gestaltung des Hilfe Suchenden zu sprechen. Erst dann lässt sich verstehen, welche Stärken und Schwächen er in die Beziehung eingebracht hat, wie er an der Krise der Partnerschaft beteiligt war, wo er auch sein eigenes Leben weiterentwickeln muss, um die Partnerschaftskrise zu überwinden. Dabei lade ich den anderen Partner fast immer zu Gesprächen ein, damit ich mir ein differenziertes Bild der Liebesbeziehung machen kann. Ich will die Beziehung auch mit seinen Augen sehen lernen, will erleben, wie das Paar gemeinsam kommuniziert. Dabei gewinne ich meist einen ersten Eindruck darüber, ob eine Beziehung überhaupt eine Zukunft hat. Es gibt fünf Indikatoren, die sehr genau anzeigen, ob überhaupt noch eine gewisse Basis in der Beziehung vorhanden ist.

1. Ist jeder Partner bereit, dem anderen zuzuhören, oder bringt er immer nur seine eigene Kritik ein? Kann er sich auch in die Rolle des anderen und dessen Gefühlswelt hineinversetzen und auf ihn eingehen?
2. Erinnert er sich noch an die schönen Zeiten, die es in jeder Partnerschaft einmal gab? Wenn der innere Faden völlig gerissen ist, »verdunkelt« man regelrecht die Beziehung, man leugnet die schönen Zeiten und teilt jedem mit, dass der andere schon immer schwierig gewesen sei, man verstehe heute nicht mehr, warum man sich nicht früher getrennt habe.
3. Ist man noch bereit, etwas in die Beziehung zu investieren, beschenkt man sich zum Geburtstag, zu Weihnachten, gibt

man sich für den anderen Mühe, will man ihn gelegentlich glücklich machen? Das kann der gedeckte Frühstückstisch, der Schmuck für die Ehefrau oder ein Blumenstrauß sein – wichtig ist, ob die Bereitschaft vorhanden ist, sich für den anderen anzustrengen.

4. Kann man noch gemeinsam lachen? Verfügt man noch über den gleichen Humor, gibt es Situationen, in denen man zusammen lachen und herumalbern kann? Auch wenn dieses gemeinsame Lachen in Krisenzeiten sehr verhalten sein mag, es zeigt doch, inwieweit sich beide Partner noch auf der gleichen Wellenlänge befinden.

5. Besteht noch eine körperliche Anziehung? Es ist nicht entscheidend, ob die Sexualität »praktiziert« wird. Aber es ist wichtig, dass beide Partner noch eine körperliche Anziehung empfinden. Wenn man sich nicht mehr riechen kann, die körperliche Nähe des anderen als unangenehm empfindet und sich manchmal sogar ekelt, ist die Prognose für eine Aufarbeitung der Krise sehr schlecht.

Hilfreicher als die Aufarbeitung von Krisen mag eine Vorbeugung sein. Es gibt Kurse, in denen Paare lernen, sich richtig zu streiten, weniger vorwurfsvoll zu kommunizieren und die Todsünden der Liebe – ständige Kritik und Verteidigungshaltung, Rückzug, Machtdemonstrationen – zu vermeiden. Dort soll man lernen, in Zukunft Konflikte konstruktiv zu bewältigen. Aber auch die Wirkung der Kurse ist begrenzt. Zwar sind die Partnerschaften dieser Kursteilnehmer nach drei Jahren glücklicher als am Anfang, doch nach fünf Jahren ist dieser Effekt wieder verschwunden.

Die Wiederholungstäter

Offenbar steht ein Paar nach einem Seitensprung vor einer Herkulesaufgabe, wenn es die Probleme aufarbeiten will. Und meistens wird dazu der »Betrogene« nur dann bereit sein, wenn in Zukunft ein Seitensprung ausgeschlossen werden kann. 80 Prozent der Männer und Frauen sind zwar nach Umfragen bereit, einen Seitensprung zu verzeihen, allerdings nur dann, wenn der Partner verspricht, es nie wieder zu tun.

Doch wie will man erkennen, ob man sich auf das Versprechen verlassen kann? Für die meisten Menschen ist es schwierig, dem Partner wieder zu vertrauen. Über 50 Prozent aller »betrogenen« Männer und Frauen kontrollieren deshalb die Handys, schauen in Manteltaschen nach. »Früher habe ich mir nie etwas gedacht, wenn er später aus dem Büro kam. Aber jetzt frage ich mich immer, ob er mit seiner hübschen Sekretärin schläft, wenn er mir etwas von Überstunden erzählt. In mir ist das grenzenlose, fast naive Vertrauen zerstört worden«, berichtete mir eine 45-jährige Lehrerin.

Wir wissen, dass fast die Hälfte aller Fremdgeher Wiederholungstäter sind. Dann muss man sich damit abfinden, dass der Partner von Zeit zu Zeit fremdgeht, oder sich trennen.

Ich empfinde nur Schmerz ...

Erst am Ende eines Klärungsprozesses wird es vielleicht ruhige Gespräche geben können, wie sie in dem Roman »Gefährliche Geliebte« von Haruki Murakami beschrieben werden. Hajime ist mit einer sanften, aufmerksamen Frau verheiratet, er fühlt sich geborgen und geliebt, kümmert sich sehr um seine zwei Töchter. Obwohl er überzeugt ist, seine Frau zu lieben, geht er schon nach der Geburt seiner Kinder gelegentlich fremd. Doch dann trifft er seine Jugendliebe wieder, und seine Frau spürt, dass er nun Lichtjahre von ihr entfernt ist. Er beginnt ein Verhältnis mit der Jugendliebe, und nach einer qualvoll langen Zeit spricht ihn seine Frau an: »Wenn du eine andere liebst, lässt sich daran nicht viel ändern. Wenn man liebt, liebt man nun einmal. Ich bin dir nicht genug, das weiß ich. Wir sind gut miteinander ausgekommen, und du hast gut für mich gesorgt. Ich bin mit dir sehr glücklich gewesen. Ich glaube, du liebst mich noch immer, aber um die Tatsache, dass ich dir nicht genug bin, kommen wir nicht herum. Ich wusste, dass es einmal so kommen würde. Ich mach dir also keinen Vorwurf daraus, dass du dich in eine andere Frau verliebt hast. Ich bin auch nicht wütend. Ich sollte es sein, aber ich bin's nicht. Ich empfinde nur Schmerz. Einen gewaltigen Schmerz ...«[31]

Nun geht seine Frau mit ihm um wie mit einem alten Freund, etwas Wesentliches ist in ihr zerstört. Er spürt, dass er sich seiner Verantwortung stellen muss. Er spürt immer mehr, dass in ihm eine Wüste ist, und gesteht seiner Frau, dass er sie noch liebt: »Ich habe dich vom allerersten Tag an geliebt, und so ist es geblieben. Wenn ich dir nicht begegnet wäre, hätte ich mein Leben nicht ertragen. Dafür bin ich dir unsäglich dankbar. Und dennoch tue ich dir weh. Weil ich ein egoistischer, hoffnungsloser, wertloser Mensch bin. Ohne ersichtlichen Grund tue ich den Menschen, die mir nahe stehen, weh und damit letztlich mir selbst.«[32]

Und er verspricht ihr, er würde gern für sie ein neuer Mensch werden, sich eine neue Identität erobern, denn dies würde doch zum Erwachsenwerden dazugehören. Aber er wisse den Weg nicht. Sie schaut ihn ernst an und sagt ihm: »Du armer Mann.« Und schweigt. Sie habe in den letzten Wochen oft gedacht, sie müsse sterben, so einsam wäre sie gewesen. Sie wäre nur deshalb nicht gestorben, weil sie dachte, sie könnte ihn wieder annehmen, wenn er zurückkehren würde. Auch er schweigt schließlich, weiß nicht, wie er weiterleben soll, bis ihm seine Frau ihre Hand auf seine Schulter legt ...

Die Fähigkeit zur Treue

Treue ist … wenn man sich nicht traut, pflegen Spötter zu sagen. Das mag manchmal stimmen. Oft ist die Treue das Resultat einer tiefsitzenden Lebensangst. Man kann sich ein Leben ohne den Partner, der längst zur seelischen Stütze geworden ist, nicht vorstellen. Mich erinnert das an ein Fachwerkhaus, das zusammenstürzen würde, wenn man den Hauptbalken entfernt. Manchmal sind Menschen innerlich so abhängig vom Partner, dass sie Angst haben vor jeder Versuchung, weil dann ihre Lebenskonstruktion zusammenbrechen könnte.

Doch die wirkliche Treue beruht nicht auf Angst, nicht auf einem Ausweichen vor dem Leben. Sie beruht vielmehr auf Stärke. Denn es erfordert viel Kraft und Stärke, um dauerhaft treu zu sein. Man muss sich für einen Menschen entscheiden, obgleich dieser nicht immer dem eigenen Idealbild entspricht. Man entscheidet sich für ihn, obgleich es durchaus Versuchungssituationen gibt. Und man wird sich gelegentlich fragen, ob man wirklich die richtige Wahl getroffen hat. Insofern braucht man schon ein gewisses Beharrungsvermögen, eine größere Belastungsfähigkeit, eine solide innere Struktur, um treu zu sein. Wer jeder inneren Stimmung nachgibt, seinen Trieben und Wünschen geradezu ausgeliefert ist, der wird nicht treu sein können.

Um wirklich zur Treue fähig zu sein, müssen wir bestimmte Entwicklungsstufen absolvieren, die der Psychologe Erik H. Erikson genauer beschrieben hat. Zunächst ist es wichtig, dass das Kind in einer Familienatmosphäre der Geborgenheit ein Gefühl des Urvertrauens entwickeln konnte. Wir wissen heute, wie bedeutend eine verlässliche Bindung der Kinder zu den Eltern ist. Die Auswirkungen der Bindungsstile hat ein Experiment verdeutlicht. Man bat unterschiedliche Paare zu einer Untersuchung und schüchterte sie ein, indem man vorgab, man plane eine schmerzhafte Prozedur. Die Paare, die in der Kindheit einen sicher gebundenen Beziehungsstil erlebt hatten, rückten nun enger zusammen und unterstützten sich. Doch die ängstlichen Paare rückten voneinander ab und erwarteten vom Partner keine Hilfe, boten auch keine an. Dies zeigt, wie wichtig der Bindungsstil der Kindheit für das spätere Partnerschaftsverhalten ist.

Eine weitere Bewährungsprobe für die Entwicklung des Kindes ist der Zugang zur Gruppe der Gleichaltrigen. Es ist völlig klar, dass von dem erworbenen Sozialverhalten später auch das Verhalten in der Partnerschaft geprägt wird. Wer gute Freundschaften hat, ist nach meiner Erfahrung partnerschaftsfähiger, als es Einzelgänger sind, und auch vom Partner weniger abhängig. Und dies hat auch Auswirkungen auf die Fähigkeit zur Treue.

Schließlich muss sich der Jugendliche ein Bewusstsein seiner selbst und seiner Rolle im Leben erarbeiten. Entscheidet sich der Heranwachsende in dieser Zeit für bestimmte Lebens- und Berufsziele, dann entwickelt sich die so genannte Ich-Identität. Das klingt ein wenig abstrakt, ist aber im Alltag von großer Bedeutung. Denn Ich-Identität bedeutet: Ich weiß, wer ich bin, ich weiß, inwiefern ich mich von anderen unterscheide. Und diese Ich-Identität ist die Voraussetzung für intime Beziehungen, weil man nur dann nahe Beziehungen eingehen kann, wenn man sich selbst etwas gefunden hat.

Deshalb kann man sagen: »Identität kommt vor Intimität«. Erst nachdem der junge Mensch die Phase der Selbstfindung halbwegs absolviert hat, ist er in der Lage, echte Bindungen einzugehen und treu zu sein. Erst wenn er (zumindest ansatzweise) seine innere Kontinuität gefunden hat und bewahren kann, wird er anderen die Treue versprechen können.

Jean-Paul Sartre –
Die Untreue als Symptom einer großen Flucht

Wie sehr Verunsicherungen in den ersten Lebensjahren zu einem geringen Selbstwertgefühl, einer geringen Verwurzelung in der Welt und einer Unfähigkeit zur Treue führen, zeigt das Leben des französischen Philosophen Jean-Paul Sartre, der 1905 in Paris geboren wurde. Sein Vater war Marineoffizier und starb, als Jean-Paul zwei Jahre alt war. Seine Mutter zog daraufhin wieder zu ihren Eltern, die Jean-Paul verhätschelten und förderten. Doch obgleich seine Großeltern sehr freundlich mit ihm umgingen, fühlte er sich bei ihnen unwohl. Denn seine Mutter dämpfte ihn, wenn er einmal ausgelassen war, und meinte: »Sei vorsichtig! Wir sind nicht bei uns zu Hause!« So hatte er ständig das Gefühl, nur ein geduldeter Gast zu sein. Er fühlte sich überflüssig, war überzeugt, man würde ihn nicht vermissen, und hätte vieles darum gegeben, wenn eine Fabelstimme den Spruch verkündet hätte: »Dieser kleine Sartre versteht sein Handwerk; Frankreich weiß nicht, was es verlöre, sollte er plötzlich sterben.«

Aus dieser unzuverlässig scheinenden Familienwelt floh Jean-Paul Sartre in das Reich der Fantasie, wo er hilflose Mädchen aus schier ausweglosen Situationen rettete. Die Realität sah natürlich anders aus, denn die Gleichaltrigen akzeptierten diesen jungen »Helden« zunächst nicht. Nirgends war dieser junge Sartre wirklich verankert, aber er fand eine Antwort auf sein Gefühl, überflüssig zu sein: das Schreiben. Erst durch das Schreiben existierte er, denn seine Bücher würden Bestand haben, während er sich vergänglich wie ein geblendetes Insekt fühlte, das in die Lichter eines Leuchtturms geraten war. Er hatte nur ein Ziel: dass sein Name nicht in Vergessenheit geriet. Mit den Bleilettern der Bücher wollte er in die Ewigkeit eingehen. Und er schrieb wie ein Besessener: »Da ich mich nicht genug liebte, floh ich nach vorn. Das Ergebnis: Ich liebe mich noch weniger...«[33]

Wir spüren bei Sartre, dass die Charakterentwicklung nie ein ruhiger, überlegter Prozess ist. Schon Nietzsche meinte, die Charakterentstehung sei immer der Ausweg aus einer Verzweiflung. Wir suchen uns ja nicht in Ruhe einen Lebensweg, so wie man im Supermarkt eine Melone auswählt. Vielmehr ist dies ein hochdramatischer Vorgang. Und besonders spannend, ja sogar gefährlich ist immer die Rolle der Mitmenschen in dem eigenen Lebensgefüge. »Die Hölle, das sind die anderen«, heißt es in Sartres Drama »Geschlossene Gesellschaft«. Wir sind auf die Mitmenschen angewiesen, gleichzeitig werden wir von ihnen oft manipuliert, bedrängt, sogar bedroht.

Sartre konnte sich in seiner Jugend kaum durchsetzen, war schüchtern, innerlich eher schwach – wie sollte er da anderen gegenüber treu sein können? Er kannte die Treue gegenüber sich selbst kaum, fühlte sich bedeutungslos. Deshalb wollte er ein berühmter Schriftsteller werden, und diesem Ziel blieb er treu. Doch im Liebesbereich war er es nicht. Um nicht zu abhängig von Frauen zu werden, um sich abzusichern, musste er das Leben aufspalten. Obgleich er eine intensive Beziehung mit der mitunter recht dominanten Simone de Beauvoir pflegte, ging er immer wieder mit anderen Frauen ins Bett. Seine Kindheit macht deutlich, dass diese Treulosigkeit nicht das Zeichen einer freiheitlichen Lebensgestaltung, sondern das Resultat einer großen Verunsicherung war. Das sah wohl auch Sartre so, denn er schrieb am 24.2.1940 an Simone de Beauvoir: »Ich habe nie ein sauberes Sexual- und Gefühlsleben zu führen verstanden; ich empfinde mich zutiefst und ehrlich als ein Schwein. Und obendrein als mittelmäßiges Schwein, eine Art akademischer Sozialist und verbeamteter

Don Juan, bei dem man das Kotzen kriegt. Das muss sich ändern …« Aber das änderte sich natürlich nicht, denn Sartre
war auf die Eroberung der jungen Frauen angewiesen, um
sein Selbstwertgefühl zu stärken.

Warum blieb Simone de Beauvoir?

Man muss sich die Frage stellen, warum Simone de Beauvoir
die Untreue Sartres immer wieder erlitt und sich nicht trennte.
Immerhin trat sie in ihrer Jugend entschieden für die Treue ein
und fand den leichtfertigen Umgang mit Amouren und Ehe-
brüchen widerwärtig. Diese Einstellung gegenüber Seitensprüngen war das Ergebnis einer von Geborgenheit und Vertrauen geprägten Kindheit. Als Erstgeborene konnte sie die
weitgehend harmonische Familienatmosphäre in sich aufnehmen. Alle waren um ihr Wohl bemüht und die vielköpfige Familie verlieh ihr ein Gefühl von Wichtigkeit. Selbst die zwei-
einhalb Jahre jüngere Schwester konnte sie zunächst nicht
entthronen.

Doch warum ließ sie sich die Untreue von Sartre gefallen, und
warum litt sie so sehr unter seinen Seitensprüngen? Meist
sind starke Krisen im Leben eines Menschen Retraumati-
sierungen, das heißt, es wiederholen sich massive seelische
Verletzungen. Hier wird man auch bei Simone de Beauvoir
schnell fündig, wenn man über ihre Pubertät nachliest. In
jener Zeit litt sie sehr unter Pickeln, zuckte unaufhörlich mit
den Schultern, und nun wendete sich der Vater immer stärker
ihrer kleineren, hübschen Schwester zu. Simone war fortan
für den Vater die Intellektuelle und ein »Mann«. Ihre Rolle
als hübsches, weibliches Wesen hatte sie an die Schwester ab-
treten müssen.

In der 30-jährigen Beziehung mit Sartre musste Simone de
Beauvoir die seelischen Beschädigungen der Kindheit immer
wieder neu erleben. Denn sie konnte sich von diesem faszi-
nierenden Mann nicht lösen, der (wie der Vater) jeweils eine

jüngere Frau liebte. Doch gleichzeitig war die Beziehung zu Sartre der unbestreitbare Erfolg ihres Lebens. Sie hatten beide den gleichen Schlüssel der Erkenntnis, um die Welt zu verstehen. Und in der Verwirklichung seiner Ziele und Ideale war Sartre treuer als viele andere Menschen, die im Ehealltag treu sind und gleichzeitig ihre Lebensideale verraten. Insofern trifft es auch auf Sartre zu, wenn Simone de Beauvoir schrieb, ihr Leben sei geprägt gewesen durch die »Treue, mit der ich immer an meinem ursprünglichen Projekt festgehalten habe: Erkennen und Schreiben.«[34]

Die Kontinuität des Lebens

Wir können am Leben Sartres deutlich erkennen, dass die Fähigkeit zur Treue vor allem das Ergebnis einer inneren Stabilität ist. Sie resultiert aus der inneren Kontinuität eines Menschen, so dass sich eine Treue gegenüber den eigenen Lebenszielen ergibt. Auch der Philosoph Nicolai Hartmann bekräftigt diesen Standpunkt. Er sagt, dass die Treue im wesentlichen aus der Beharrenskraft eines Menschen erwächst. Für ihn ist die Treue eine »Kontinuität der Gesinnung«[35] und damit letzten Endes Treue gegenüber sich selbst. Das ist auch die Überzeugung des Philosophen Otto Friedrich Bollnow. Er meint, man gewinne erst durch das treue Festhalten an den eigenen Lebenszielen sein wirkliches Selbst, so dass Treulosigkeit im strengen Sinne Charakterlosigkeit wäre. Bei der Treue würde es sich um eine Grundtugend des menschlichen Daseins handeln, weil unser Zusammenleben nicht möglich sei, ohne dass sich einer auf den anderen verlassen könne.[36]

Offenbar ist die Treue eine Eigenschaft, die viel mit der inneren Kraft und Beständigkeit eines Menschen zu tun hat. Wirklich treue Menschen sind emotional starke Persönlichkeiten, die sowohl mit sich selbst als auch mit der Umwelt in einem intensiven Kontakt sind. Man könnte sie als bindungsstark bezeichnen. Sie sind in einem so starken Kontakt mit dem Partner, dass sie nicht untreu werden können. In meinen Interviews sagte mir eine Freundin: »Ich kann nicht anders, als treu zu leben. Für mich ist das Leben immer so verlaufen, dass ich mich durch andere Menschen gestützt und behütet gefühlt habe. Ich hatte eine schöne Kindheit – trotz aller Schwierigkeiten. Und ich fühle mich geliebt, es ist, als hätte ich Schutzengel. Ich bin im intensiven Kontakt mit meinem Partner – den kann und will ich nicht betrügen. Ich habe das nie gemacht. Ich habe mich einmal in einen anderen Mann verliebt, weil der sich vorstellen konnte, Kinder zu haben – mein Partner hat das abgelehnt. Das habe ich meinem Partner sofort gebeichtet. Der war erschüttert und sagte zu mir: Du hast mir so viele Stunden des Glücks bereitet, das stehe ich mit dir durch. Kinder bekamen wir nicht, aber ich entschloss mich, bei ihm zu bleiben.«

Treue bedeutet vor allem, dass ich meinen Partner als einzigartig betrachte, als nicht austauschbar. Es ist ja der eigentliche Sinn einer Liebesbeziehung, dass wir einen Menschen treffen, der für uns ganz besonders ist. Und so heißt es auch in dem wunderschönen Buch »Der kleine Prinz«: »Du wirst für mich einzig sein in der Welt. Ich werde für dich einzig sein in der Welt.« Wer so fühlt, muss treu sein und wird dem anderen auch versprechen können, in guten und in schlechten Zeiten zusammenzuhalten. Das sind nicht nur Worte. Ich bin immer wieder beeindruckt, dass Menschen auch dann zueinander halten, wenn einer krank ist, im Rollstuhl sitzt, sich in einer großen Krise befindet. Besonders zum Nachdenken brachte uns im Freundeskreis eine Kollegin, die sich intensiv um ihren Mann kümmerte, der im Koma lag. Jahrelang ging sie fast täglich ins Krankenhaus und sagte mir: »Ich kann ihn nicht verlassen, er gehört zu mir.«

Meist wird diese Wertschätzung der Treue selbst von Menschen geteilt, die in einer schwierigen Ehesituation stecken und einen Seitensprung begangen haben. Aber es gibt natürlich auch Menschen, die der Treue keinen hohen Wert beimessen. Sie können nicht treu sein und halten dies oft sogar für eine Fähigkeit. Wir stoßen hier auf ein interessantes Phänomen. Jeder Mensch bejaht letztlich den eigenen Lebensentwurf und muss selbst jene Eigenschaften als positiv bewerten, die möglicherweise problematisch sind. Und so wird der notorisch untreue Partner nicht begreifen, dass es sich bei seinem Verhalten weniger um ein Zeichen sexueller Freiheit, als um das Resultat schwerwiegender Persönlichkeitslücken handelt. Er wertet deshalb die Treuen als Spießer ab, denen es nur an Mut fehlt. Und diese Überzeugung hilft ihm auch, die anstehenden Partnerschaftskonflikte durchzustehen.

Wer regelmäßig untreu ist, muss über starke Argumente verfügen, um seinen empörten Partner immer wieder zu überzeugen. Denn bei jeder Untreue gibt es längerfristig einen geschädigten Dritten und entsprechende Komplikationen. Wie geschickt dann der »Untreue« damit umgeht, können wir am Leben des Psychotherapeuten C. G. Jung erkennen. Er führte lange Zeit eine »Ehe zu dritt«, und das war für alle Beteiligten nicht einfach. Obwohl Jung offen für die Untreue eintrat (»Die Voraussetzung für eine gute Ehe … ist die Erlaubnis zur Untreue«), muss diese Konstellation für ihn nicht ganz selbstverständlich gewesen sein, denn 1925 schrieb er einen Artikel über Eheprobleme, der wie eine ideologische Rechtfertigung seiner Nebenbeziehung wirkt.[37]

In diesem Aufsatz vertritt Jung die Ansicht, es gäbe im Liebesgeschehen die einfacheren und die komplizierteren Persönlichkeiten. Die einfacheren seien treu, während die untreuen in der Regel recht komplizierte Naturen seien, deren Reiz in der Vielseitigkeit bestehe. In ihnen könne sich der einfachere Mensch immer wieder verlieren. Jung vergleicht dies mit einem facettenreichen Stein und entwirft eine »Zimmer-Theorie«: Der treue Partner sei wie eine Ein-Raum-Wohnung, die dem vielseitigen nicht genug Raum bieten könne. Demgegenüber würde der komplizierte zu viele Zimmer enthalten, von denen der einfache Partner nur wenig bewohnen würde. Deshalb fehle dem komplizierten Menschen eine wirkliche Ergänzung, und er »spähe immer mehr oder weniger zum Fenster hinaus«. Schließlich müsse sein Partner feststellen, »dass in den Zimmern, die scheinbar ihm gehörten, noch andere, unerwünschte Gäste leben«. Seine Hoffnung auf Sicherheit schwinde, und er müsse erkennen, dass er das Gefühl des Ungeteiltseins und der Stabilität nur in sich selbst finden könne.

Das ist natürlich eine wunderbare Rechtfertigung! Erst verletzt C. G. Jung seine Frau, die auch in schwierigen Zeiten zu ihm hält, und dann kommt er zu der Auffassung, dass sie etwas einfach strukturiert sei und sich nur auf sich selbst verlassen könne. C.G Jung muss seine eigene Erklärung als etwas zu dünn empfunden haben und schob dann noch eine Theorie nach, um seine wachsende Bindung an seine Geliebte rechtfertigen zu können. Er war überzeugt, dass es zwei Frauentypen gäbe:

- die zur Ehe und Mutterschaft bestimmte Frau und
- den Frauentyp, der in erster Linie Gespielin und geistige Begleiterin des Mannes sei.

Beide Frauentypen seien zusammen die ideale Ergänzung des geistig tätigen Mannes, da dieser sowohl der mütterlich erdenschweren Gattin als auch der erosbeschwingten Gespielin bedürfe.

C. G. Jung hatte eine schwierige Mutterbeziehung und litt immer wieder unter großen seelischen Schwankungen. Er konnte daher die Fähigkeit zur Treue nur partiell erwerben. Doch dieses offensichtliche Defizit wurde bei ihm durch eine faszinierende Ausstrahlung ergänzt. Jung war ein sehr kreativer Geist und verfügte über viel Charme. Er wurde umschwärmt, behandelte die Frauen aber nicht unbedingt gut, sondern war diesbezüglich ein typischer narzisstischer Mann.

Die Treue zu sich selbst

Nun lässt sich die Treue zu anderen Menschen noch leicht erklären. Sie besteht vor allem darin, dass man zu einem anderen Menschen hält, auch in Krisenzeiten. Aber viel schwieriger ist es, die Treue zu sich selbst zu beschreiben. Doch es ist wichtig, diese Treue zu sich selbst genauer zu analysieren. Denn wie will man einem anderen treu sein, wenn man sich selbst nicht gefunden hat?

Worum handelt es sich bei dieser Treue zu sich selbst? – Vielleicht zeigt sich diese Treue darin, dass wir unsere inneren Bedürfnisse wahrnehmen, dass man lebendig ist und eine Kontinuität des Lebens empfindet. Die Treue zu mir selbst würde dann bedeuten, dass ich diese innere Stimme höre, sie ernst nehme und dann auch jene Wege gehe, die außen nicht immer Zustimmung finden.

Viele Leser werden mir aber zustimmen, dass diese innere Stimme oft leise, verwirrend und nicht leicht zu entschlüsseln ist. Als ich mit einem 39-jährigen Bankangestellten darüber sprach, war er sogar etwas verärgert: »Was heißt das, die Treue zu mir, was ist das Selbst? Ich habe viele Pflichten, Aufgaben, ich versuche über die Runden zu kommen. Ich bin schon froh, wenn ich nicht krank bin. Ich bin froh, wenn ich alles bewältige. Ich habe seit Jahren nicht mehr das Gefühl, dass ich etwas entscheide. Ich bin mehr ein Getriebener, das hört doch erst mit dem Tod auf. Und was ist das: meine innere Stimme? Ich bin doch wie ein Hamster im Rad.«

Sicher werden viele Menschen so empfinden. Haben Sie nicht auch oft den Eindruck, dass ihr Leben sehr von außen bestimmt wird? Dann wäre es für Sie wichtig, gelegentlich darüber nachzudenken, was Ihnen überhaupt Spaß macht, welche Wünsche und Träume Sie haben. Doch das werden Sie oft kaum spüren und werden ratlos sein. Vielleicht hilft es Ihnen dann, sich an die leidenschaftlichen Ideale der Jugend zu erinnern. Hatten Sie nicht auch hochfliegende Träume? Hatten Sie nicht Lebenspläne, die Sie um jeden Preis der Welt verwirklichen wollten? Erinnern Sie sich noch, dass Sie besser leben wollten, anders vor allem als die Eltern? Solche Vorsätze müssen wir lebendig halten, zu oft werden sie durch die Anforderungen des Lebens vergessen, verraten, vernachlässigt. Wir spüren dann nicht mehr die Glut der Begeisterung, die Unbedingtheit, mit der wir ursprünglich das Leben bewältigen wollten. Wir geben uns mit Halbheiten zufrieden, machen faule Kompromisse. Natürlich sind solche Anpassungen manchmal notwendig, wir wären weltfremde Spinner, wenn wir als Erwachsene noch immer die Ziele der Jugend anstreben wollten. Das Leben verlangt manche Einschränkungen. Nicht alle Träume gehen in Erfüllung. Zum Glück des Lebens gehört manchmal auch eine gewisse Nüchternheit und Bodenständigkeit. Auch manche Liebeshoffnung kann nicht in Erfüllung gehen, viele Erwartungen müssen wir begraben. Es gehört zum Erwachsenwerden dazu, dass wir uns von übertriebenen Hoffnungen und Träumen verabschieden. Und doch haben unsere ursprünglichen Träume einen inneren Kern, an dem wir festhalten müssen, wenn wir nicht resignieren wollen. Um diesen Kern zu bewahren, brauchen wir gelegentlich eine Aufbruchstimmung, eine Sehnsucht, müssen Grenzen sprengen und bereit sein, immer wieder neu unser Leben zu beginnen. Wir brauchen die Bereitschaft, hin und wieder unser ganzes Leben neu in die Waagschale zu werfen. Wie heißt es so schön in Goethes Gedicht »Selige Sehnsucht«: »… solange du das nicht hast, dieses: stirb und werde! Bist du nur ein trüber Gast auf der dunklen Erde.«

Wir müssen im Leben zu einem ständigen Wandlungsprozess bereit sein. Sonst gehen wir am Leben vorbei. Gestern war ich auf einer Beerdigung und dachte auch über mein eigenes Leben nach. Ich fragte mich, ob wir nicht alle Gefangene innerer Prozesse und äußerer Erwartungen sind und deshalb kaum glücklich werden. Schon als Kind kannte ich eine Angst: Ich wollte nicht werden wie die Erwachsenen, die schon mit 40 Jahren viel über Krankheiten, Geld und die Kümmernisse des Lebens reden. Ich hatte immer den Eindruck, dass ihnen das Leben eigentlich keinen Spaß machte. Sie waren voll damit beschäftigt, den Alltag zu bewältigen, und zu mehr reichte die Kraft nicht. Das war nicht ihre Schuld, es war auch die Last der Umstände. Ich bin in der Nachkriegszeit großgeworden, meine Eltern hatten viel damit zu tun, dass wir Kinder satt wurden und halbwegs gekleidet waren. Das Nachdenken über Lebensziele war angesichts der Ruinenstadt Berlin, der Arbeitslosigkeit meines Vaters und der ständigen Geldknappheit ein Luxus. Wir haben es dieser Aufbau-Generation zu verdanken, dass wir heutzutage auch über den Sinn des Lebens und die Lebensziele nachdenken können.

Sich selbst treu bleiben

Wer ab und an über seine Lebensziele nachdenkt, wird wissen, dass sich daraus ein erhebliches Konfliktpotenzial ergibt. Denn normalerweise passen wir uns an, leben nach den Erfordernissen des Alltags. Bei der Suche nach unseren Lebenszielen, nach unseren Wünschen und Ansprüchen werden wir genau registrieren, wie sehr unsere Mitmenschen und auch Partner gelegentlich auch eine Belastung und Bremse sind. Wer seinen Zielen treu bleiben will, muss daher den Mut zu Auseinandersetzungen aufbringen und sich manchmal auch trennen.

Wenn wir spüren, dass unsere Lebenszeit begrenzt ist, stellt sich die Frage nach der Treue besonders radikal. Spätestens mit etwa 45 Jahren wird vor allem Männern bewusst, dass sie nicht unendlich lange leben, sie bilanzieren ihr bisheriges Leben und kommen oft zu dem Ergebnis, dass sie noch einmal neu beginnen möchten. Das mag manchmal übertrieben wirken, vor allem dann, wenn sich ein Mann eine jugendliche Geliebte sucht. Manchmal drängt sich dann der

Eindruck auf, dass ein solcher Seitensprung die Flucht vor dem Älterwerden ist. Es kann aber auch sein, dass man erst in diesem Alter den Mut hat, entschlossen die eigenen Lebensziele zu verwirklichen und sich zu trennen. Ein Freund sagte mir einmal: »Ich spürte mit Mitte 40, dass ich alt werde. Früher war's immer so, dass ich nach einer Krankheit bald wieder fit war. Jetzt ließen langsam meine Kräfte nach, ich merkte, dass es bergab ging. Das war ein sehr langsamer Prozess, aber er machte mir Angst. Und ich fragte mich, ob ich wirklich mein Leben so weiterführen wollte – und meine Ehe. Ich mochte meine Frau, aber ich konnte mich nie sehr gut unterhalten mit ihr, und die Sexualität war wenig leidenschaftlich. Sicher – wir kamen gut miteinander aus. Wir kooperierten gut. Unsere Ehe galt als musterhaft. Aber ich hatte mir in meiner Jugend immer gewünscht, dass ich mit einer Frau nächtelang reden und auch leidenschaftlichen Sex haben kann. Meine Ehe war damals keine Vernunftentscheidung, aber meine große Liebe war's nicht. Und nun fing ich wieder an, meine Augen zu öffnen, zu suchen: Ich verliebte mich in eine jüngere Kollegin, die ich nur an der Schulter anfassen musste und ich spürte, dass sie emotional in Flammen stand. Mit ihr konnte ich über alles reden, es war aufregend, und allmählich entfernte ich mich aus meiner Ehe. Erst war es ein Verhältnis, aber ich wusste, dass es mehr werden würde, ich trennte mich schließlich und heiratete diese Frau.«

Wenn die Kinder größer sind ...

Vor allem Frauen neigen zum Seitensprung, wenn die Kinder erwachsen werden. Die Mütter fühlen sich dann weniger »gebraucht« und spüren oft erst dann, wie unzufrieden sie mit der Ehe sind. Sobald die Kinder in die Pubertät kommen, besteht deshalb in den Ehen ein hohes Trennungsrisiko. Zwar sind die Kinder auch ein starker »Beziehungskitt«. Eine Untersuchung des Münchner Familienforschers Wassilios Fthenakis hat ergeben, dass die Kinder häufig die Ehequalität verschlechtern und dennoch deren Dauer verlängern. Das führt immer zu einer explosiven Situation, wenn die Kinder älter werden. Beide Partner müssen nun versuchen, neue Inhalte für ihre Liebesbeziehung zu finden. Das ist nicht leicht, denn meist hat sich vieles aufgestaut oder zementiert. Eine 46-jährige Mutter berichtete mir: »Ich war schon lange unzufrieden mit meinem Mann, aber er war ein guter Vater. Doch die Sexualität schlief ein, wir redeten immer weniger miteinander, gingen uns aus dem Weg. Aber wenn man mich damals gefragt hätte, hätte ich gesagt, dass meine Ehe ganz gut sei. Doch dann lernte ich während der Kur einen sehr liebenswürdigen Mann kennen, mit dem ich viel spazieren ging, mit dem ich mich unterhielt. Es kam zur Sexualität, wir telefonierten oft, nachdem wir beide wieder zu Hause waren. Er ging mir nicht mehr aus dem Kopf, ich dachte von morgens bis abends an ihn und fing an zu vergleichen. Es dauerte einige Monate, dann fasste ich einen Entschluss. Ich wollte warten, bis alle Kinder aus dem Haus waren. Ich wollte ihnen nicht den Vater wegnehmen. Dann zog plötzlich meine jüngste Tochter aus: Sie war 19 und wollte mit ihrem Freund zusammenleben. Ich spürte: Jetzt musst du dich entscheiden. Ich fasste all meinen Mut zusammen, beichtete meinem Mann mein Verhältnis, wir bemühten uns noch einige Wochen umeinander. Wir begannen sogar eine Paartherapie. Doch dann konnte ich nicht mehr und zog aus.«

Ich möchte lernen, treu zu sein

Meist kommen Frauen zu mir, weil sie unter der Untreue ihres Partners leiden oder weil sie damit Schwierigkeiten haben, die Geliebte zu sein. Doch es gab auch einen Wissenschaftler, der mit dem Wunsch zu mir kam, ich möge seine Untreueneigung therapieren. Dieser Wissenschaftler verfügte über eine starke Ausstrahlung und war fähig, zu Frauen in sehr kurzer Zeit eine intensive Bindung herzustellen. Das war sein Lebensinhalt. Aber seine Frau signalisierte ihm, sie würde sich trennen, sobald sie ihn noch einmal »erwischen« würde. In den Gesprächen fiel mir auf, dass dieser Mann wenig fähig war, seine Bedürfnisse zu formulieren. Zudem lebte er immer so, als wäre er außer sich und ständig auf der Jagd nach Erfolgen. Er trainierte für Marathonläufe und genoss den Jubel der Menge. Dieser Mann wies eine typische Narzissmusproblematik auf. Es ging ihm nicht nur um Liebe, sondern auch um Bestätigung. Dies zeigte auch seine Lebensgeschichte; die Ereignisse in Kindheit und Jugend führten lebenslänglich zu dem Eindruck, dass er nicht genügte. Er war geradezu süchtig nach Anerkennung, um sein Selbstwertgefühl zu stabilisieren. Er suchte enge Bindungen, hatte aber gleichzeitig Angst davor. Er fühlte sich schnell bedrängt, denn er hatte in früher Kindheit erlebt, wie unzuverlässig und erdrückend Bindungen sein können. Er sicherte sich deshalb ab, indem er immer eine Ersatzbeziehung nebenherlaufen ließ.

Dies wurde ihm in der Therapie deutlich und er spürte seine Ängste vor wirklicher Nähe. Er lernte, gegenüber seiner Frau Kritikpunkte anzusprechen und seine Freiräume zu verteidigen. Auch wurde er durch die Anerkennung in der Therapie selbstbewusster. Dennoch blieb bei ihm eine Neigung bestehen, fast reflexhaft um Frauen zu werben. Mir fiel auf, dass dies die wichtigste Erregungs-Quelle für ihn war. Ich schlug ihm vor, sich neue Betätigungsfelder zu suchen, die ihn wirklich ausfüllten. Er suchte sich eine andere Arbeitsstelle, die ihm Spaß machte und ihn forderte. Jene Erregung, die er bisher nur bei Frauen spürte, empfand er nun auch bei der Arbeit. Doch plötzlich blieb er fort … Nach einem halben Jahr meldete er sich und meinte, die Behandlung wäre nicht mehr nötig. Er sei in den letzten Monaten nicht mehr fremdgegangen. Seine Ehe sei jetzt wesentlich besser. Ihm käme es heute so vor, als wären seine Frauengeschichten immer wie ein Zwang gewesen. Er sei treu, würde sich besser damit fühlen. Es sei für ihn kein Verzicht, es sei ein Zugewinn. Er sei viel ruhiger geworden.

Das Glück der Treue

Seit mehr als 20 Jahren interessiere ich mich für das Thema Treue. Ich bin in der Zeit der Studentenbewegung erwachsen geworden, in der die Treue eher infrage gestellt wurde. Ich habe – auch im persönlichen Umfeld – erlebt, dass die Hälfte aller Menschen nicht treu ist, und in vielen Gesprächen wurde ich immer wieder darauf hingewiesen, dass in den meisten Gesellschaften früher die Treue keineswegs üblich war. Bei den Babyloniern diente die Ehe vor allem zum Kinderzeugen, deshalb war die sexuelle Betätigung außerhalb der Partnerschaft durchaus üblich. Auch die Römer gingen mit der Treue eher locker um, und das Prinzip der heutigen Liebesehe, die den Seitensprung so problematisch macht, kennen wir erst seit 200 Jahren. Früher ging man eher eine Vernunftehe ein, es wurde aus sachlichen Gründen geheiratet. Dies begann sich in der Romantik zu ändern, man entwickelte die Vorstellung vom einzig wahren Partner, den man lebenslang lieben könne und müsse. Dies war auch die Geburtsstunde der heutigen Treue. Man trennte sich fortan, wenn man sich nicht mehr liebte.

Die Welt im Wandel

In den letzten Jahrzehnten sind Trennungen immer leichter geworden, denn materielle Gesichtspunkte spielen heute in den Liebesbeziehungen meistens eine untergeordnete Rolle. In einer Ehe suchen wir vor allem emotionale Erfüllung. Der Partner soll uns begleiten, uns stützen, er ist der seelische Mittelpunkt unserer Existenz. Er soll der Fels sein in einer

Zeit des Wandels, ständiger Neuerungen und Bedrohungen. Deshalb ist die Treue so wichtig.

Doch ist dieser Wunsch nach Treue überhaupt zeitgemäß? Überall gibt es Veränderungen, auf nichts kann man sich heutzutage wirklich verlassen. Nirgends erleben wir jene Kontinuität, die noch für unsere Urgroßeltern selbstverständlich war. Wie sehr sich die Welt in 100 Jahren gewandelt hat, zeigt Stefan Zweig in seiner Autobiografie. Dort beschreibt er das Leben in Wien um 1900. Es sei eine geordnete Welt ohne Hast gewesen. »Der Rhythmus der neuen Geschwindigkeiten hatte sich noch nicht von den Maschinen, von dem Auto, dem Telefon, dem Radio, dem Flugzeug auf den Menschen übertragen, Zeit und Alter hatten ein anderes Maß. Man lebte gemächlicher, und wenn ich versuche, mir bildhaft die Figuren der Erwachsenen zu erwecken, die um meine Kindheit standen, so fällt mir auf, wie viele unter ihnen frühzeitig korpulent waren. Mein Vater, mein Onkel, meine Lehrer, die Verkäufer in den Geschäften, die Philharmoniker an ihren Pulten waren mit 40 Jahren alle schon beleibte, würdige Männer. Sie gingen langsam, sie sprachen gemessen und strichen im Gespräch sich die wohlgepflegten, oft schon angegrauten Bärte.«[38] Alles verlief langsam, man hatte viel Zeit und glaubte an eine schöne Zukunft. Das zeigte sich auch in der Architektur, alles war solide, für die Ewigkeit gebaut. Doch heute gibt es keine Lebensplanung für die Ewigkeit mehr, wir müssen mehrfach im Leben umziehen, mehrere Berufe erlernen, müssen uns anpassen und verändern, die Zeit ist schnelllebig geworden. Es gibt kaum noch Besinnlichkeit, keine Orte der Ruhe, überall sind wir per Handy und Internet erreichbar, wir müssen ins Kloster gehen, um einmal wirklich zu uns zu kommen. Deshalb mag es sein, dass ein Eintreten für die Treue heutzutage unmodern klingt.

Doch tatsächlich ist die Treue sehr zeitgemäß, denn wir brauchen kräftige soziale Wurzeln, um von den Stürmen des Lebens nicht fortgeweht zu werden. Wir müssen wissen, wo wir hingehören, wo wir auch in Zeiten der Schwäche Trost finden, auftanken können. Innerhalb einer emotional kühlen, egoistischen Ellbogen-Gesellschaft, in der es oft nur noch um Durchsetzungsvermögen, Geld und Karriere geht, ist die Partnerschaft der Hort der Sicherheit und des Vertrauens. In einer Welt, in der man sich immer weniger auf andere verlassen kann, ist sie der Ort des emotionalen Glücks. Während noch vor 40 Jahren intensive Bindungen von vielen als einengend, als Verlust der Freiheit erlebt wurden, wird die Partnerschaft jetzt eher als ein Zugewinn an Sicherheit und Beständigkeit gesehen.

»Ja, ich verstehe das und stimme dem zu. Aber dieser Aufruf für Beständigkeit und Stabilität, ist das nicht auch ein wenig langweilig? Brauchen wir nicht im Leben auch das Abenteuer, die Veränderung, das Risiko?«, so fragte skeptisch mein bester Freund. Das ist natürlich richtig. Wir können nicht immer nur nach Sicherheit streben und dabei völlig am Leben vorbeigehen. Deshalb wäre es auch falsch, dass wir die Treue zu einem Lebensprinzip erheben, von dem man nicht abweichen darf. Letztlich muss sich die Treue für uns ganz persönlich als vorteilhaft erweisen. Wenn die Treue nur etwas von uns verlangt, wir aber dafür nichts Adäquates bekommen, werden wir sie nicht einhalten.

Deshalb ist für mich auch die Definition von Erich Fromm fragwürdig, der in »Die Kunst des Liebens« schreibt: »… einen anderen zu lieben, das ist nicht nur ein starkes Gefühl, das ist eine Entscheidung, ein Versprechen.« Zwar hat er Recht, man muss sich schon für den anderen entscheiden und es darf nicht nur ein momentanes Gefühl sein. Aber die Treue muss für uns auch günstiger sein als die Untreue.

»Sonst wären wir doch blöd«, meinte kürzlich ein anderer Freund.

Letztlich spitzt sich alles auf die Frage zu: Macht Treue glücklich?

Ich habe lange darüber geforscht und kann zunächst eines sagen: Untreue macht nicht glücklich. Natürlich sind auch treue Menschen nicht unbedingt glücklich. Die Treue ist kein Garant für das Glück. Aber ich habe zahlreiche treue Menschen erlebt, die auf mich einen glücklichen, ausgeglichenen Eindruck machten. Und ich lernte nie einen untreuen Menschen kennen, der auf mich wirklich glücklich wirkte. Allerdings ist das Thema »Glück« schwierig. Selbst die Glücksforscher streiten sich darüber, was das Glück sei. Aber es gibt einen Kernbereich des Glücks, den ich als Psychotherapeut immer gut beobachten kann: Bin ich mit meinem momentanen Schicksal so zufrieden, dass ich mir wünschen würde, es könnte ewig dauern? Der Glückliche würde gern die Zeit anhalten.

Diesen Wunsch habe ich von treuen Menschen oft gehört, sie schienen mir eher verwurzelt, eher zufrieden mit ihrem Schicksal. Dagegen konnte ich bei jenen Menschen, die häufig und für lange Zeit untreu waren, immer eine große innere Unruhe und Anspannung beobachten. Diese Beobachtung entspricht auch der Selbsterkenntnis vieler Menschen, die in den 70er- und 80er-Jahren sehr für die Selbstverwirklichung eintraten. So sagte der Modedesigner Wolfgang Joop, er habe die Trennung von seiner Frau und seinen Kindern als traumatische Wunde empfunden, und betonte: »Ich würde es heute nicht wieder machen.« Heute wüsste er, es wäre besser gewesen, trotz der Krisen zu bleiben. Und er fragte sich: »Was heißt schon Selbstfindung. Was habe ich in mir schon gefunden? Außer Einsamkeit und Verstörung und wachen Nächten, in denen ich nicht zur Ruhe kam, weil ich meinen Kindern gute Nacht sagen wollte und ihnen die Decke hochziehen. Diesen Schmerz würde ich mir nicht mehr antun. Ich habe keine einzige sexuelle Erfahrung gemacht, die so fantastisch war, dass es sich dafür lohnt, seine Kinder zu verlassen.«[39] Das mag eine sehr zugespitzte persönliche Erfahrung sein, sie zeigt aber, wie sehr sich die gesellschaftlichen Werte inzwischen geändert haben. Die Treue steht angesichts gesellschaftlicher Verunsicherung wieder höher im Kurs. Zukunftsforscher sehen sogar eine Trendumkehr, die Zeit der Unverbindlichkeit sei vorbei, nun würden wir Verlässlichkeit und Treue suchen.[40]

Die Vertrauensbeziehung

Was wir in einer Partnerschaft suchen, ist eben nicht nur Lust, ist nicht nur Vergnügen, sondern ist vor allem das Erlebnis, dass zwei Menschen zusammenhalten. Dies gibt uns das Gefühl, dass wir unverwechselbar sind und nicht nur beliebige Zahnräder im Getriebe des Lebens. Deshalb meint auch Milan Kundera: »Die Treue gibt dem Leben eine Einheit, ohne die es in tausend flüchtige Eindrücke zersplittert.«[41] Die Grundlage dieser Treue ist das Vertrauen zu dem anderen Menschen. Nur dann sind wir überzeugt, dass wir uns dem anderen auch mit unseren Schwächen, unseren Fehlern zumuten können, dass wir uns aufeinander verlassen können. Dass der andere unsere Fehler und Schwächen nicht ausnutzt. Sonst sind wir im Leben vorsichtig, manchmal berechnend, nie zeigen wir uns ganz. Das ist in einer Liebesbeziehung anders. Dort spürt der andere auch, wo wir verletzlich sind. Dort fühlen wir uns sicher und geborgen.

Diese Vertrauensbeziehung wird in den ersten Monaten der Liebesbeziehung aufgebaut. Wir erzählen dem anderen rückhaltlos alles, was wir empfinden, was wir erlebt haben. Den anderen interessiert selbst die Farbe unserer Socken, welche Filme wir gern sehen, wohin wir verreisen. Alles ist wichtig, und so entsteht langsam im Partner eine emotionale Landkarte unserer Stimmungen. Er weiß, wie es uns geht, er kennt unseren Seelenmechanismus. Selbst Ängste und Schamgefühle, die wir uns kaum selbst eingestehen, teilen wir mit.

Manchmal kennt uns der Partner dann besser als wir uns selbst. Und so ist dieser nicht nur in der Lage, unsere Wünsche zu erfüllen, uns zu verstehen, auf uns einzugehen. Er ist auch fähig, uns in Krisenzeiten beizustehen.

Die Überwindung der Einsamkeit

Lieben Sie Ihren Partner, oder können Sie sich noch an das Gefühl des Verliebtseins erinnern? Das schönste Gefühl besteht dann doch darin, dass man sich innerlich sehr verbunden fühlt und den Eindruck hat, angekommen zu sein. Der Partner ist für uns die wichtigste Person auf der Welt, er wird zum Mittelpunkt unserer Existenz. Wir empfinden zutiefst, dass der andere eine ganz besondere, unverwechselbare Person ist. Und so richten wir unser gesamtes Leben innerlich auf ihn aus. Selbst wenn wir nicht zusammen sind, denken wir an ihn. Es ist, als ob uns unsichtbare Seile verbinden. Und auf diese Weise überwinden wir auch das Problem der Einsamkeit. Denn das größte Problem unserer Existenz besteht in der Bewältigung der Einsamkeit. Wenn wir Glück haben, erleben wir in der Kindheit eine intensive Bindung zu unseren Eltern, in der Pubertät müssen wir uns jedoch zunehmend von unserer Mutter und unserem Vater ablösen, unseren Weg allein gehen. Dann sind wir darauf angewiesen, immer wieder enge Bindungen zu anderen Menschen einzugehen, weil wir sonst haltlos werden und seelisch und auch körperlich erkranken.

Wir können uns die menschliche Existenz so vorstellen, als wären wir Raumfahrer, die ihre schützende Kapsel verlassen haben und nur durch ein dünnes Seil gesichert werden. Solche dünnen Seile in Form von Beziehungen müssen wir alle herstellen, um unsere Identität immer wieder zu gewährleisten. Der Philosoph Georg Wilhelm Friedrich Hegel hat einmal gemeint, nur in der wechselseitigen Anerkennung von Menschen sei es möglich, die Einsamkeit aufzuheben. Er

schreibt – etwas umständlich – das Sein des Selbstbewusst-
seins liege in der Anerkennung durch ein anderes Selbstbewusstsein. Wir können offenbar nur existieren, wenn wir von
anderen Menschen bestätigt und anerkannt werden, nur wenn
wir ein Gegenüber haben, das uns versteht. Wir sind darauf
angewiesen, dass ein anderer Mensch für uns das Zentrum
des Lebens ist. Wir brauchen alle die tägliche Zuwendung in
Form von Gesprächen, Aufmerksamkeit und Körperkontakt,
um unser seelisches Gleichgewicht aufrechtzuerhalten. Wir
müssen nicht nur essen und trinken. Wir brauchen Nahrung
für die Seele. Wir müssen uns mitteilen können, müssen
anderen unser Herz ausschütten können, wollen verstanden
werden und uns aufgehoben fühlen. Und diese Lebensbasis
zerstören wir durch einen Seitensprung. Deshalb meint auch
der Psychologe Luchmann: »Ich halte jeden Seitensprung für
eine schlechte Idee. Vertrauen ist das Fundament und das
kostbarste Gut jeder Partnerschaft. Der kurze Gewinn an Lust
und Illusionen steht zu den Risiken eines nicht mehr beheb-
baren Vertrauensverlustes in keiner vernünftigen Relation.«[42]
   Deshalb bereuen viele Menschen einen Seitensprung. Sie
spüren, dass sie damit die Vertrauensbeziehung zerstören.

Doch wie wäre es, wenn wir mit diesem Thema offen umgehen? Kann es nicht für Männer attraktiv sein, wenn sie ganz
legal mehrere Frauen lieben? Beispielsweise hat man in einer
Studie festgestellt, dass Männer in jenen Gesellschaftsfor-
men erheblich länger leben, in denen sie mit mehreren
Frauen leben dürfen. Dies könnte damit zusammenhängen,
dass diese Männer mehr auf ihre Gesundheit achten müssen,
um noch lange für die spät gezeugten Kinder sorgen zu können. Auch seien mehrere Partnerinnen besser in der Lage, die
Greise bis ins hohe Alter zu betreuen. Allerdings hat man
in einer anderen Studie festgestellt, dass Seitensprünge für
Männer lebensgefährlich sein können. Sie werteten 60 Fälle
aus, in denen Partner bei der Sexualität gestorben waren. 56
davon waren Männer, die bei einem Seitensprung ums Leben

kamen. Offenbar sind Seitensprünge erheblich anstrengender als die häusliche Sexualität, die im Laufe der Jahre recht gemütlich ablaufen kann.

»Du trittst sehr für die Treue ein – auch wenn du für Seitensprünge Verständnis hast. Aber letztlich bist du der Meinung, dass man durch die Treue glücklicher wird. Doch ist es nicht so, dass in vielen Ehen eine große Stagnation vorhanden ist, dass man nur aus Gewohnheit zusammenbleibt?«, fragte mich ein Kollege in einem intensiven Gespräch. Ich erwiderte, dass dies möglich sei. Doch es gibt harte Fakten, die darauf hinweisen, dass man in einer festen Bindung glücklicher ist. Es ist auffällig, dass die evangelischen Geistlichen ihre katholischen Amtsbrüder um etwa zehn Jahre überleben. Das wird mit der Tatsache zusammenhängen, dass sie meist mit einer Frau zusammenleben. Offenbar wirken sich Ehen für unseren Gesundheitszustand eher positiv aus. Dies zeigen auch Umfragen, in denen die Verheirateten ihren Gesundheitszustand als wesentlich besser bezeichneten als Alleinlebende: während 40 Prozent der bundesdeutschen Ehepartner ihr körperliches Befinden als ziemlich gut bezeichnen, sind es nur 25 Prozent der Singles. Das bestätigen auch die Erkenntnisse von James L. Lynch. Der Chef der psychosomatischen Klinik an der Universität Maryland hat ermittelt, dass Verheiratete wesentlich seltener an Herzkrankheiten und Lungenkrebs erkranken und weniger Autounfälle haben als Alleinlebende. Aber noch dramatischer ist die Suizidrate alleinstehender Männer, sie ist doppelt so hoch wie die der verheirateten.

Schuldgefühle und die Last des Seitensprungs

Natürlich kann ein Seitensprung die Beziehung beleben – aber alle Untersuchungen zeigen, dass dadurch nur 15 Prozent aller Partnerschaften besser werden. In über 50 Prozent aller Beziehungen verschlechtert sich die Stimmung extrem, erst nach Monaten kehrt wieder etwas Ruhe in die Partnerschaft ein. Ich bin davon überzeugt, dass die meisten Menschen mit einem Seitensprung auf die Dauer nicht glücklich werden. Sie leben in einer doppelten Welt. Es ist für sie anstrengend, dass sie ständig etwas verheimlichen und sich Ausreden einfallen lassen müssen. Und in ihrem Leben bleibt zu wenig Zeit für Muße, für jene Stunden, in denen man nichts plant und sich selbst »begegnen« kann.

Nun mag man einwenden, dass vor allem Männer sehr wenig Zeit investieren, wenn sie einen Seitensprung ausüben. Nach meiner Umfrage treffen sie sich durchschnittlich alle zehn Tage mit der Geliebten, sie sind bemüht, dass diese Beziehung einen sexuellen Charakter behält und nicht zu intensiv wird. Doch bei Frauen ist dies anders. Ihr »Verhältnis« führt fast unweigerlich nach einer gewissen Zeit zu tieferen Gesprächen, einer intensiven Bindung. Und fast immer kommen diese Frauen in einen Konflikt. Sie haben Schuldgefühle und müssen befürchten, dass der Seitensprung entdeckt wird. Sie leiden unter der Spaltung des Lebens. Den einen Mann lieben sie und haben mit ihm Sexualität. Mit dem anderen leben sie zusammen. Und diese Spaltung führt immer zu einer inneren Zerrissenheit. Und dieser Riss in der Seele kann zu einer massiven inneren Destabilisierung führen und ist die Grundlage für seelische Erkrankungen.

Zeit der Selbstfindung

Zumindest für Frauen ist ein Seitensprung fast immer schwierig. Deshalb ist es meine Aufgabe als Therapeut, bei einer Entscheidungsfindung zu helfen. Die Frauen müssen lernen, an sich zu denken. Es kann nicht darum gehen, den einen oder anderen Mann glücklich zu machen. Letztlich müssen sich diese Frauen fragen: Bei welchem Mann werde ich auf Dauer glücklicher? Doch die meisten Frauen brauchen sehr lange, bis sie die innere Gewissheit gewinnen, wie sie sich entscheiden müssen. Es dauert fast immer länger als

ein Jahr. Dies ist eine Zeit der Selbstfindung, vieler glücklicher und aufregender Momente, aber auch eine Zeit des
Zweifels und der Schuldgefühle. Für unser Glückserleben ist
es wichtig, dass ein solcher Seitensprung irgendwann ein
Ende findet, so dass man sagen kann: Ich weiß, wo ich hin-
gehöre.

Man muss wieder feste Wurzeln finden. Doch bei dieser
Verwurzelung ist wichtig, dass die Energie des Seitensprungs
nicht verloren geht. Sonst ist die Treue nur ein Prozess der
Resignation. Sonst gleichen wir den Pflanzen, deren Wurzeln
von den Gärtnern beschnitten werden, damit sie in zu kleine
Töpfe passen. Nicht vorschnelle Anpassung ist deshalb das
Ziel, sondern die Suche nach der lebendigen Liebe. Oder wie
es einmal eine Patientin ausdrückte: »Wer untreu ist, ist auf
der Suche und kennt nur den Weg nach vorn.«

Wie die Liebe lebendig bleibt

»Woran sehe ich, ob ein Mann wirklich treu ist«, fragte mich eine Freundin, die einige Monate lang in einen sehr attraktiven Mann verliebt war, der immer wieder fremdging. Etwas resigniert meinte sie, es gäbe keine treuen Männer. Nun stimmt dies nicht, denn immerhin 50 Prozent aller Männer sind treu. Mit etwas Geschicklichkeit wird man daher einen Mann finden, der absolut treu ist. Dafür gibt es bereits am Beginn der Liebe deutliche Anzeichen: Ist der Partner bindungsfähig, sagt er klar und deutlich, dass er Sie liebt? Oder müssen Sie immer an seiner Liebe zweifeln? Zieht er sich immer wieder zurück, nimmt quasi einige Tage »Auszeit«? Meldet er sich regelmäßig per E-Mail oder Telefon, wie Sie dies vereinbart haben?

- Wenn Sie bereits in den ersten Wochen und Monaten der Liebe immer wieder hören: »Ich liebe dich, aber …«,
- wenn Sie immer wieder so lange warten, dass Sie nervös werden,
- wenn er damit zögert, Ihnen die Eltern und Freunde vorzustellen,

dann sind Sie an einen bindungsschwachen Mann geraten, der in einer Krise dazu neigen wird fremdzugehen. Oder er trennt sich von Ihnen, sobald Schwierigkeiten auftauchen.

Das Fundament der Liebe

Potenzielle Partner, die zu bindungsängstlich sind, sollte man meiden, wenn man Wert auf eine vertrauensvolle Bindung, auf Treue legt. Sie sind zu wenig zuverlässig, man kann nicht auf sie bauen. In einem ähnlichen Zusammenhang hat C. G. Jung seelische Prozesse mit einem Haus verglichen. Und man kann eine Partnerschaft durchaus als einen gemeinsamen Hausbau begreifen. Wichtig ist zuerst einmal das Fundament. Das entspricht dem Charakter der beiden Partner. Es sind ihre Kindheitserfahrungen, Persönlichkeitseigenschaften, auch die bisherigen Liebesverhältnisse. Dies alles beeinflusst das Bindungsverhalten und Sie werden bald spüren, ob der Partner mit Ihnen wirklich Probleme bespricht, ob es eine gemeinsame Lebensplanung gibt, ob Sie tatsächlich den Eindruck haben können, dass Sie gemeinsam ein »Haus« bauen.

Die Phase der Enttäuschung

Die meisten Paare bewältigen erfolgreich die Verliebtheitsphase, aber nach spätestens zwei bis drei Jahren verstärkt sich das Gefühl einer großen Enttäuschung. Man spürt, dass der Partner nicht den Erwartungen entspricht, die man vorher gehabt hat. Nun beginnt ein Rückzugsprozess, der von kleinen Sticheleien geprägt ist. Man investiert weniger, ist aber selbst meist empfindlich, wenn sich auch der Partner zurückzieht. Schließlich vernachlässigt man das gemeinsame »Haus«, irgendwann ist das Dach undicht, es regnet rein, die vier Wände werden zum Sanierungsfall – und in dieser Phase steigt die Neigung zu Seitensprüngen.

Techniken der Liebe

Nun gibt es kaum allgemeingültige Ratschläge, wie man Seitensprünge verhindern kann. Jeder bringt andere Erfahrungen in eine Partnerschaft ein und jede Beziehung verfügt über eine sehr individuelle Dynamik. Dennoch kann man einige grundsätzliche Hinweise geben, denn wir haben in den letzten 20 Jahren sehr viele neue Erkenntnisse über das Gelingen und Scheitern von Paarbeziehungen sammeln können.

Wir wissen, dass Techniken in der Ehe wichtig, aber nicht ausreichend sind. Natürlich ist es gut, wenn Sie gelegentlich bewährte Techniken einsetzen, um beispielsweise Probleme zu besprechen. Viele Paare setzen sich einmal in der Woche zusammen, sie reden dann eine Stunde miteinander, jeder hat die Möglichkeit, seine Einschätzung der Partnerschaft einzubringen. Wichtig ist, dass keine Beschuldigungen vorgebracht werden, dass das Gespräch in einer toleranten Stimmung abläuft. Durch solche regelmäßigen Gespräche kann man vermeiden, dass sich Unmut in der Partnerschaft anstaut und die Stimmung vergiftet.

Gerade wenn wir beruflich oder durch die Kinderbetreuung sehr eingespannt sind, wird häufig die Partnerschaft vernachlässigt. Dann können Techniken der Liebe helfen: Es werden feste Zeiten der Begegnung eingeplant, und kleine Rituale helfen dabei, wieder stärker zueinanderzukommen. Wir brauchen in einer Partnerschaft immer auch Rituale:

- Man feiert einmal im Monat jenen Tag, an dem man sich kennenlernte,
- jeder Donnerstagabend ist für die Partnerschaft reserviert, man geht essen und dann …

Wir müssen in eine Liebesbeziehung auch Zeit investieren, uns um den Partner bemühen und unsere Fantasien in die Realität umsetzen. Das gilt vor allem für die Sexualität. Gelegentlich sollten wir die Erotik im Bett inszenieren, es kann großen Spaß machen, wenn einmal er oder sie die Führung übernimmt, sie oder ihn verwöhnt und man das übliche 1, 2, 3 überwindet. Die schwerwiegenden Probleme in einer Partnerschaft beginnen meist erst dann, wenn wir die Beziehung vernachlässigen. Nach drei Jahren Ehe kümmern sich die meisten Männer mehr um ihr Auto als um ihre Partnerschaft. Sie kennen den Luftdruck ihrer Reifen, aber sie kennen die

Gedanken ihrer Frau nicht mehr. Doch wir können nur dann eine sichere Bindung in einer Partnerschaft herstellen, wenn wir uns dafür interessieren, wie es dem Partner geht. Das ist der beste Schutz gegen Untreue. Wer sich für den Partner interessiert, verfügt über feine Antennen und spürt recht genau, ob dieser zu fremdeln beginnt.

Die Frühwarnsymptome

Ich bin immer wieder überrascht darüber, wie oft Partner die Untreue nicht registriert haben. Betrachtet man die Beziehung als gemeinsames Haus, so kann man sagen, dass nun das ganze Gebäude in Flammen steht. Doch vorher gab es bereits kleine Brände, es wurde gezündelt, Rauch zog durch das Treppenhaus. Und das haben wir nicht gemerkt? Es kommt also bei der Untreue auf die vielen frühen Anzeichen an, die wir ernst nehmen müssen. Und vor allem müssen wir sie ernst nehmen wollen. Denn oft sind wir am Schluss der Beziehung so genervt vom anderen, dessen Attraktivität ist so gesunken, dass uns vieles egal ist. Eigentlich ist die Untreue dann ein konsequenter Schritt, denn wir haben dem Partner bereits die Beziehung aufgekündigt. Es liegt eine innere Kündigung der Partnerschaft vor. Wenn wir also Untreue verhindern wollen, müssen wir dem Partner sagen können: »Du bist meine Liebe, du bist mir wichtig, mit dir will ich Probleme lösen, auch wenn es schwer ist.«

Verstehen: Mit dem Herzen fühlen ...

Doch dazu müssen wir verstehen, wie der Partner denkt, fühlt, wie er gleichsam tickt, wo seine wunden Stellen sind, wann er verletzlich und hilflos ist, wann er sich schützen muss, sich zurückzieht. Wir müssen auch wissen, was ihn stört, was wir anders machen können. Wir müssen uns so in den anderen einfühlen, dass wir mit den Worten Alfred Adlers sagen können: Wir können mit seinem Herzen fühlen, mit seinen Augen sehen, mit seinen Ohren hören. Kurz gesagt: Wir können uns einfühlen. Und dies wird immer bedeuten, dass wir die Kindheit des Partners kennen, wir müssen wissen, was ihn geprägt hat, welche Erfahrungen er gesammelt hat, bis er uns kennenlernte. Wir müssen wissen, was ihn momentan beschäftigt, was ihn vielleicht ärgert. Sicher wird es manchmal Situationen geben, wo wir so wütend, so überzeugt von unserem eigenen Anliegen sind, dass wir entschlossen auf den anderen einstürmen. Wir wollen dann nicht verstehen, sondern den anderen zu einem Gespräch fordern. Wir wollen uns nicht einfühlen, sondern uns durchsetzen. Aber das müssen Ausnahmen in einer Liebesbeziehung bleiben. Wir müssen grundsätzlich dem anderen vermitteln, dass wir auch sein Anliegen achten. Dazu gehört gelegentlich auch die Fähigkeit des Verzeihens. Sonst entsteht jener Graben, der die Basis der Untreue ist.

Die Partnerschaft als Team

Nun sind solche Hinweise gut gemeint, aber schwierig umzusetzen. Denn es geht hier letztlich nicht um Techniken, sondern um die Charaktereigenschaften beider Partner. Nur wenn beide kooperativ genug sind, wenn sie halbwegs verträglich sind, wird die Partnerschaft gelingen. Im Grunde ist jede Partnerschaft eine Teamaufgabe, und das Zweierteam wird an seiner Aufgabe scheitern, wenn beide zu eigensinnig, empfindlich oder kämpferisch sind. Deshalb hat auch der Individualpsychologe Alfred Adler gemeint, es käme bei der Liebe auf die Teamfähigkeit zwischen Frau und Mann an, auf das Gemeinschaftsgefühl der beiden. Und er erinnert daran, dass man früher dem Hochzeitspaar einen Baumstamm gab, den man gemeinsam zersägen musste.[43] Allerdings muss man sich fragen, ob wir es heutzutage noch anstreben, das Gemeinschaftsgefühl zu erwerben. Haben wir nicht eher zu lernen, uns durchzusetzen, an uns selbst zu denken? Doch wenn eine Partnerschaft gelingen soll, müssen wir ein Wir-Gefühl entwickeln. Konkret bedeutet dies auch, dass wir den Partner respektieren und versuchen, ihn gut zu behandeln – selbst wenn wir nicht immer seiner Meinung sind.

Wenn der Respekt fehlt

Eine Umfrage der Zeitschrift »Elle« ergab, dass sich 80 Prozent der Menschen trennen würden, wenn sie der Partner nicht mehr respektiert. Und im August 2005 berichtete das »Hamburger Abendblatt« über das älteste Ehepaar Europas, das damals seinen 81. Hochzeitstag feierte. Als ihr Erfolgsgeheimnis für die gute Ehe berichteten Marguerite und André Debry: »Respekt, den gleichen Geschmack, keinen Streit.«

Doch den anderen in dieser Weise zu respektieren ist schwer. Denn man muss das innere Band zu ihm bewahren, auch wenn es einen Konflikt gibt. Wir sehen also: Es ist nicht leicht, wirklich zu lieben. Schließlich ist dies eine schwierige Kunst, um die man sich lebenslang bemühen muss. Aber es gibt zwei Eigenschaften, die jede Partnerschaft gelingen lassen. Wir wissen heute, dass sie das eigentliche Zaubermittel der Liebe sind. Partnerschaften gelingen, wenn beide sowohl über Gutmütigkeit als auch über Leidenschaftlichkeit verfügen.

Gutmütigkeit, Leidenschaft und Arbeit

Diese Gutmütigkeit ist am Anfang einer Partnerschaft selbstverständlich. Dann haben wir für alles Verständnis, sind fast immer sanft und anschmiegsam. Doch wie reagieren wir, wenn wir nach Monaten und Jahren feststellen müssen, dass der Partner immer weniger unseren Vorstellungen entspricht? Der Partner, den wir so sehr geliebt und umschwärmt haben, stellt sich jetzt als ein gelegentlich unordentlicher, manchmal etwas bequemer Mensch heraus, und wir überlegen uns, ob es nicht ein Fehler war, mit ihm zusammenzuziehen. In dieser Phase wird das innere Band immer loser, wir fühlen uns zum

Partner nicht mehr hingezogen, die Sexualität schläft ein. Wir sind gereizt, empfinden vieles als Zumutung, zunehmend baut sich eine Stimmung gegenseitiger Vorwürfe auf. Wir werden eifersüchtig und misstrauisch, denn wir ahnen, dass auch der Partner gelegentlich innerlich auf dem Absprung ist. Nun entscheidet es sich, ob wir auch in schwierigen Zeiten respektvoll mit dem anderen reden können. Ob wir noch ein halbwegs ruhiges Gespräch führen können, auch wenn die Lage sehr verfahren ist. Ob wir uns in den anderen hineinversetzen können, obgleich er sich bereits seelisch weit entfernt hat.

Wer in der Kindheit halbwegs geliebt wurde, wird den Wert einer langen Beziehung zu schätzen wissen und sie nicht vorschnell beenden. Doch viele Studien zeigen, dass sich heute Paare zu früh trennen. Mittlerweile sollen in den USA 74 Prozent der geschiedenen Frauen und 60 Prozent der Männer die Trennung bereuen. Und auch 82 Prozent der Deutschen sind überzeugt, dass wir uns zu schnell scheiden lassen. Das ergab eine repräsentative Umfrage des INRA-Instituts. Allerdings erfolgt eine Trennung meist erst dann, wenn wir vollständig vom anderen genervt sind.

Nun hat jeder Partner Eigenschaften, die massiv stören. Es gibt am Partner immer Ecken und Kanten, an die wir uns nicht gewöhnen wollen und können. Gabriel García Márquez hat sogar einmal gemeint, man müsse in einer Liebesbeziehung lernen, sich zu ertragen. Jedenfalls ist es im Alltag sehr wichtig, realistisch zu sein und gelegentlich von zu romantischen Vorstellungen Abschied zu nehmen. Wir müssen die Liebesbeziehung auch als Arbeit und Herausforderung begreifen. Das klingt zwar wenig nach Lebensfreude. Aber wir müssen eine Tatsache akzeptieren: Was uns anfangs beglückte, kann irgendwann auch zu einer vorübergehenden Belastung werden. Und dann müssen wir an der Beziehung arbeiten und uns manchmal auch überwinden. Wenn wir immer aus unserer inneren Affektlage heraus handeln, fliegt jede Partnerschaft in die Luft. Das ist auch die Auffassung von Hans Jellouschek, der daran erinnert, dass wir am Anfang der Liebesbeziehung deshalb so freundlich sind, weil unsere Erwartungen erfüllt werden. Doch fünf »Jahre später kostet das ›Freundlich-Sein‹ manchmal schlicht ›Arbeit‹, denn ohne diese, so spontan aus dem Bauch heraus, wären wir vielleicht grob und rücksichtslos.«[44]

Die Kameradschaftsliebe

Eine Leidenschaft ist eine heftige Emotion, sie ist das Feuer der Liebe. Gewissermaßen bestimmt die Leidenschaft das Tempo der Liebe, sie ist die Kraft, die Energie, während uns die Gutmütigkeit hilft, die Beziehung zu steuern.

Nun ist es aber – vor allem nach der Desillusionierungs-phase – durchaus schwierig, immer wieder leidenschaftlich zu sein. Denn dies endet häufig in einem Scherbenhaufen der Gefühle. Oft entsteht dann bei den Partnern eine resignative Haltung gegenüber der Liebe. Schon vor 70 Jahren schrieb deshalb Aldous Huxley, es würde so etwas wie Liebe mit einem großgeschriebenen L nicht geben. Und es entstand in jener Zeit der Begriff der »Kameradschaftsehe«, der von dem Amerikaner Ben Lindsey geprägt wurde. Nun wollte man realistisch und bodenständig sein und die romantischen Übertreibungen vermeiden. Und so betonte auch die Berli-ner Psychologie-Professorin Eva Jaeggi, man solle nicht die schwärmerische Passion anstreben, nicht das dramatische Kampfgetöse, sondern die verständnisvolle Freundschaft.[45]

Natürlich hat jede gute Liebesbeziehung immer das Element einer Freundschaft im Sinne von Hilfsbereitschaft, der Fähig-keit des Zuhörens, des Verstehens. Aber wenn das Feuer der Liebe vollständig fehlt, besteht immer die Gefahr, dass ein Partner einen Seitensprung begeht. Meist ist bei einem Part-ner noch etwas Glut unter der Asche des Alltags vorhanden und er wird dann irgendwann eine so leidenschaftliche Nebenbeziehung beginnen, dass die Welt der Ehe wackelt.

Ein anderes Modell ist die Liebe auf Distanz. Auch so kann man Konflikte reduzieren, sich mit den Eigenheiten des anderen aussöhnen und trotzdem die Spannung der Liebe erhalten. Gewissermaßen opfert man hier ein Stück des Alltags und hält die erotische Spannung aufrecht, indem man nicht so viel zusammen ist. Beide Partner sind bei diesem Lebensmodell selbstständiger, so dass die Liebe nicht den Tod der Gewöhnung stirbt.

Dies bedeutet konkret, dass man getrennte Wohnungen oder zumindest getrennte Schlafzimmer hat, um die bedrängende Dauernähe zu vermeiden. Dies kann mitunter eine Beziehung sehr entlasten und beleben. Das war auch die Erfahrung eines Bankbeamten, der mir vor Jahren während einer Radtour erklärte, das Geheimnis seiner langen Ehe sei die gesunde Distanz. Er führte aus: »Wir schlafen getrennt, wir machen viele Dinge getrennt. Das hält die Beziehung lebendig.«

Tatsächlich ist die Liebe ein Kind der Freiheit. Sie braucht viel Eigenständigkeit, um auf Dauer atmen zu können. Es ist wichtig, dass beide Partner auch eigenständige Bereiche haben, dass jeder eigene Interessen verfolgt. Auf diese Weise bleibt die Sehnsucht nach dem anderen erhalten. So hat es viele Vorteile, wenn ein Paar nicht immer zusammen ist. Jeder fühlt sich stärker für sein eigenes Leben verantwortlich, die oft diffusen Erwartungen an den anderen sind geringer. Und die Beziehungen sind oft leidenschaftlicher, wenn man sich trifft.

Allerdings besteht die Gefahr, dass bei einer zu großen Distanz die Bindungskräfte zu gering sind. Es hat eben doch einen großen Vorteil, wenn man zusammenwohnt. Es entsteht dann jene mittlere selbstverständliche Nähe, die so viel Vertrauen schafft: Der andere ist nebenan, jeder geht seinen Interessen nach, und doch spürt und hört man den Partner. Und es ist auch schön, wenn der Partner nachts neben uns liegt, sofern er nicht schnarcht. Man spürt den anderen dann körperlich, hört nachts sein Atmen, es entsteht eine tiefe Vertrautheit, falls die Beziehung insgesamt stimmt. Diese selbstverständliche Nähe kennt die Liebe auf Distanz weniger. Hier muss die Nähe immer wieder erarbeitet werden, und es ist möglich, dass sie in Krisenzeiten verloren geht. Dann besteht natürlich auch die Gefahr eines Seitensprungs. Die anhaltende Sehnsucht und Leidenschaft wird gewissermaßen mit einer größeren Untreue-Neigung erkauft.

Die offene Ehe

Offenbar besteht die eigentliche Frage in der Liebe darin, ob es überhaupt möglich ist, die Leidenschaft auf Dauer zu bewahren und gleichzeitig den Alltag miteinander zu leben. Von vielen Paartherapeuten wird dies bestritten. Sie sind der Überzeugung, dass es Leidenschaft in einer Langzeitbeziehung nicht geben kann, und empfehlen, die Sexualität auszulagern. Man lebt dann in einer exklusiven Partnerbindung, praktiziert aber die Erotik mit wechselnden Sexualpartnern. Dies Modell hat verschiedene Nachteile:

Zum einen gibt es eine Trennung zwischen Partnerschaft und Sexualität. Für die meisten Menschen ist dies unvorstellbar, sie wollen die Erotik mit dem Menschen erleben, mit dem sie ihr Leben teilen.

Zum anderen gibt es immer einen Partner, der eifersüchtig ist, und im Allgemeinen strebt auch die bzw. der Geliebte eine feste Beziehung an. So ist die offene Ehe meist sehr instabil, denn fast immer ist in dem Beziehungsdreieck ein Beteiligter sehr unzufrieden.

Die Lebendigkeit in der Ehe

Es wird auch von den meisten Befürwortern nicht abgestritten, dass die offene Ehe keineswegs eine optimale Lösung sei. Doch sie vertreten die Überzeugung, dass es langfristig nicht möglich ist, die alltägliche Liebe und die Sexualität zusammen zu leben. Doch genau dies stimmt nach meiner Erfahrung nicht.

Ich habe in den letzten zehn Jahren viele Langzeitpartnerschaften analysiert und Interviews durchgeführt. Als Langzeitpartnerschaft bezeichne ich Beziehungen, die länger dauern als zehn Jahre. Wir wissen, dass bis zum 7. Ehejahr die Scheidungen anwachsen, um dann kontinuierlich abzunehmen. Dabei beträgt die durchschnittliche Ehedauer der geschiedenen Ehen 13,5 Jahre. Doch auch zehn Jahre sind schon eine erhebliche Lebenszeit; zu Goethes Zeiten hätte es sich bei einer solchen Beziehung um eine lebenslängliche Liebe gehandelt, denn damals bestand nur eine Lebenserwartung von 30 Jahren.

Bei meiner Analyse der Langzeitbeziehungen stellte sich heraus, dass es tatsächlich viele Ehen gibt, in der die Sexualität vollständig eingeschlafen ist. Häufig hat man sich irgendwie arrangiert, man schläft in getrennten Zimmern, jeder verfügt über seinen eigenen Lebensbereich, man hat sich nur noch wenig zu sagen, will sich aber auch nicht trennen. Dabei fiel mir meist auf, dass die Ehepartner nicht nur in ihrer Beziehung resigniert haben, sondern insgesamt eher mutlos-erschöpft wirkten. Es kam mir so vor, als wären sie vom Leben und seinen Anforderungen zerrieben worden. Diesbezüglich gab es einen riesigen Unterschied zu den aktiven Langzeitbeziehungen, wo meist beide Partner eine lebendige Ausstrahlung hatten. Sie wirkten zudem im Allgemeinen jünger und jugendlicher, als es dem Ausweis-Alter entsprach. Und sie hatten noch Ziele, für die sie sich anstrengten. Sie waren noch neugierig, konnten sich freuen, mitunter »glühten« sie für die Verwirklichung ihrer Ideale. Das musste nicht immer das große Abenteuer sein. Es konnte sich auch darum handeln, dass man eine Fremdsprache erlernte, sich für ein fremdes Land und seine Einwohner interessierte. Einer meiner Patienten bekommt immer glänzende Augen, wenn er von seinen Enkelkindern berichtet, und eine enge Freundin strebt danach, so richtig gut Querflöte zu spielen. Sie haben mit ihrer Entwicklung noch nicht abgeschlossen, und ihre Liebesbeziehungen sind – mit allen Höhen und Tiefen – relativ gut.

Es ist doch mit der Lebendigkeit wie mit der Liebe. Sie hält meist nur eine gewisse Zeit an, dann erlischt sie durch die Stumpfheit der Welt. Erinnern Sie sich noch daran, wie lebendig Sie als Kind waren? Oft sind Sie morgens aufgewacht, huschten vielleicht noch zu den Eltern ins Bett, die Tage konnten nicht lang genug sein, waren voller Überraschungen. Wo ist diese Lebendigkeit geblieben, wenn wir 40 oder 50 oder gar 60 Jahre alt geworden sind? Ist unser Lebensmut gebrochen, sind wir froh, wenn wir halbwegs überleben und seelische Verletzungen vermeiden? Die großen Ziele, die unbeschwerten Stunden kennen wir schon lange nicht mehr. Doch die Liebe lebt von dieser Lebendigkeit, diesem fast kindlichen Staunen, der Erregung, die sich einstellt, wenn wir etwas Neues erlernen, etwas Neues wagen, neue Lebensperspektiven entwickeln.

Gelingt uns diese Lebendigkeit, so führt dies allerdings immer zu einer stärkeren Konfliktbereitschaft. Ein Handwerker – 18 Jahre verheiratet, 67 Jahre alt – berichtete: »Wir beide haben uns sehr lieb. Ich bin sehr froh, dass ich meine Frau habe. Dass wir uns beide manchmal etwas fetzen, ist doch normal. Ich bin eigensinnig, meine Frau ist es auch. Aber wir gehen nie schlafen, bevor wir uns versöhnt haben.« Die Fähigkeit einzulenken, zu verzeihen, auf den anderen zuzugehen, sich zu versöhnen war typisch für die erfolgreichen Langzeitbeziehungen. Man legte die Dinge nach einem Streit nicht auf eine Goldwaage. So sagte mir ein Kollege: »Es knallt und dann versöhnen wir uns. Denn eigentlich sind wir doch sehr froh, dass wir uns haben.«

Es war kennzeichnend für die erfolgreichen Beziehungen, dass alle das Bewusstsein hatten, den Partner bzw. die Partnerin wieder wählen zu wollen. Obgleich sie teilweise schon 18 Jahre zusammen waren, hatten sie – bei allen gelegentlichen Zweifeln – immer noch das Gefühl, die richtige Wahl getroffen zu haben. Und sie hatten eine erotische Beziehung, gingen immer noch miteinander ins Bett. Selbst der 67-jährige Handwerker schilderte: »Wir haben noch immer eine erotische Beziehung, obgleich ich Medikamente nehmen muss, meine Potenz ist gesunken, aber wir drücken uns, lieben uns und wir schlafen miteinander.« Oder wie es ein Freund ausdrückte, der bereits seit 16 Jahren verheiratet ist: »Ich kann es mir nicht vorstellen, dass ich mit meiner Frau nicht mehr schlafe. Wir reden miteinander, wir streiten uns auch einmal, aber wir finden dann doch wieder zueinander und lieben und begehren uns. Ich finde, dass der Sex zwischen uns immer besser wird. Wir sind inzwischen weniger gehemmt. Besser gesagt: Wir sind hemmungslos, können uns gehen lassen.«

Anmerkungen

1 Theodor Fontane, L'Adultera, in: Gesammelte Werke, Band 3, Berlin o.D. , S. 1019

2 Stendhal, Über die Liebe, Leipzig 1970, S. 240

3 Hildegard Baumgart, Eifersucht, Reinbek 1985, S. 37 ff.

4 Honoré de Balzac, Die tödlichen Wünsche, Zürich 1977, S. 305

5 Friedrich Nietzsche, Werke in drei Bänden, München 1954, Band 1, S. 652

6 Honoré de Balzac, Der Alchimist, Zürich 1977, S. 55 f

7 Doris Dörrie, in: Seitensprung. Nur ein Ausrutscher, Annette Lache, in: stern.de vom 9. 12. 2003

8 Irenäus Eibl-Eibesfeldt, Bindung, Liebe und Sexualität, nach: Liebe, hrsg. von Kai Buchholz, München 2007

9 Debbi Then, Bleiben oder Gehen?, Frankfurt am Main 2005, S. 38

10 Siehe C. Hazan, D. Zeifman, Pair bonds as attachments, in: J. Cassidy, P. R. Shaver (Hrsg.) Handbook of attachment, New York, Guilford 1999.

11 Gottfried Benn, Brief an E. Reiss vom 5. 3. 1949

12 Erica Jong, zitiert nach Kirsten v. Sydow, Sex stirbt durch Selbstverständlichkeit, in: bdp-nrw.de

13 Peter Schellenbaum, Das Nein in der Liebe, München 1993, S. 56

14 Michael Mary, Interview: Liebe oder Leidenschaft, Stern 12, 15. 3. 2001

15 nach Marina Schmitt, Die Ehebeziehung im mittleren Erwachsenenalter, www.familienhandbuch.de

16 Edith Piaf, zitiert nach: Katja Doubek, Das intime Lexikon, Frankfurt am Main 1999, S. 335

17 Alan Posener, John F. und Jacqueline Kennedy, Reinbek 1998

18 Leon de Winter, Leo Kaplan, Zürich 2001, S. 25

19 Leon de Winter, Leo Kaplan, Zürich 2001, S. 284

20 ebenda, S. 93

21 Casanova, Aus meinem Leben, Frankfurt am Main 1989, S. 332

22 Dieses und beide folgenden Zitate aus: Albrecht Fölsing, Albert Einstein, Frankfurt am Main 1994, S. 702

23 Robert Kames Waller, Die Brücken am Fluss, München 1993, S. 156

24 Leon de Winter, Leo Kaplan, Zürich 2001, S. 108

25 Leo Tolstoi, Anna Karenina, in: Werke in vier Bänden, Vierter Band, Salzburg 1979, S. 159

26 ebenda, S. 167

27 Dieses und die folgenden Zitate aus: Simone de Beauvoir, Alles in allem, Reinbek 1976, S. 30

28 Wolfgang Schmidbauer, Die heimliche Liebe, Reinbek bei Hamburg, S. 118

29 Ragnar Beer, in: Nach Seitensprung, Gesundheitsseiten 24, www.gesundheitsseiten24.de

30 Wolfgang Schmidbauer, Interview in: Männer und Frauen werden aus unterschiedlichen Gründen eifersüchtig, DPA-Meldung März 2003

31 Haruki Murakami, Gefährliche Geliebte, München 2008, S. 198

32 ebenda, S. 212

33 Dieses und die folgenden Zitate aus: Jean-Paul Sartre, Die Wörter, Reinbek 1968, S. 135

34 Simone de Beauvoir, Alles in allem, Reinbek 1976, S. 36

35 Nicolai Hartmann, Ethik, Berlin 1962, S. 468

36 Otto Friedrich Bollnow, Wesen und Wandel der Tugenden, Frankfurt am Main 1958, S. 170 f.

37 C. G. Jung, Die Ehe als psychologische Beziehung (1925), in: Seelenprobleme der Gegenwart, Olten 1973, S. 202

38 Stefan Zweig, Die Welt von gestern, Frankfurt am Main 1970, S. 41 f.

39 Interview mit Wolfgang Joop, zitiert nach David Harnasch, www.senordaffy.de

40 siehe Susanne Beyer u. a., Nobel statt Nabel, Der Spiegel 28/2003, S. 124

41 Milan Kundera, Die unerträgliche Leichtigkeit des Seins, Frankfurt am Main 1987, S. 22

42 Dietmar G. Luchmann, in: Psychotherapie.de vom 13. 7. 2001, Fremdgehen stellt die Paarbeziehung auf den Prüfstand. Ein Seitensprung – und alles ist vorbeit? Wie Paare die Beziehungskrise überwinden

43 Heinz und Rowena Ansbacher (Hrsg.), Alfred Adlers Individualpsychologie, München 1972, S. 395 f.

44 Hans Jellouschek, Vortrag »Liebe auf Dauer«, Lindauer Therapiewochen 2005

45 Eva Jaeggi, in Sendung SWR vom 1. 8. 2004